심화·고난도 학습도 만점왕으로 해결

만점왕 수학 고난도

6-2

정답과 풀이는 EBS 초등사이트(primary.ebs.co.kr)에서 다운로드 받으실 수 있습니다.

| 교재 내용 문의 | 교재 내용 문의는 EBS 초등사이트 (primary.ebs.co.kr)의 교재 Q&A 서비스를 활용하시기 바랍니다. | 교재 정오표 공지 | 발행 이후 발견된 정오 사항을 EBS 초등사이트 정오표 코너에서 알려 드립니다.
교재 검색 ▶ 교재 선택 ▶ 정오표 | 교재 정정 신청 | 공지된 정오 내용 외에 발견된 정오 사항이 있다면 EBS 초등사이트를 통해 알려 주세요.
교재 검색 ▶ 교재 선택 ▶ 교재 Q&A |

다음 학년 수학이 쉬워지는
초 / 등 / 수 / 해 / 력

대한민국 교육의
NO.1 EBS가
작심하고 만들었다!

초등 수해력

" 국어를 잘하려면 문해력, 수학을 잘하려면 수해력!
〈초등 수해력〉으로 다음 학년 수학이 쉬워집니다. "

필요한 영역별, 단계별로 선택해서 맞춤형 학습 가능	쉬운 부분은 간단히, 어려운 부분은 집중 강화하는 효율적 구성	모르는 부분은 무료 강의로 해결 primary.ebs.co.kr

* P단계 제외

수학 능력자가 되는 가장 쉬운 방법

STEP 1
EBS 초등사이트에서
수해력 진단평가를
실시합니다.

STEP 2
진단평가 결과에 따라
취약 영역과 해당 단계 교재를
〈초등 수해력〉에서 선택합니다.

STEP 3
교재에서 많이 틀린 부분,
어려운 부분은
무료 강의로 보충합니다.

우리 아이의 수학 수준은?

수 해 력
진단평가

심화·고난도 학습도 만점왕으로 해결

만점왕 수학 고난도

6-2

구성과 특징

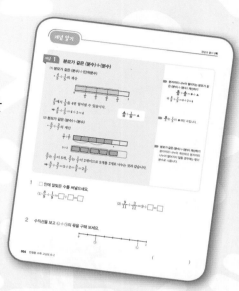

• 개념 알기

단원의 주요 개념을 공부하는 단계로 다양한 예와 그림을 통해 핵심개념을 익힙니다.

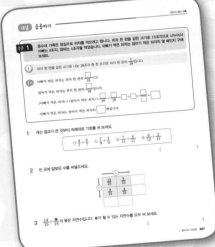

• 개념응용하기

개념별로 기본원리에 따른 응용 문제를 풀면서 대표적인 응용 문제 유형을 확실히 이해합니다.

• LEVEL 1~2

해당 단원의 심화 문제를 풀면서 수학적 문제해결력을 높일 수 있습니다.

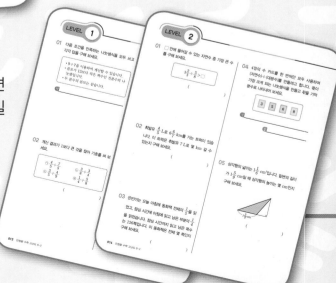

• LEVEL 3~4

해당 단원의 고난도 심화 문제를 풀면서 수학적 문제해결력을 높일 수 있습니다.

• LEVEL 종합

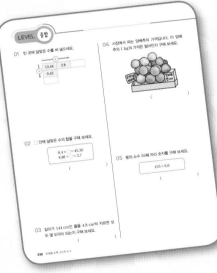

해당 단원의 다양한 수준의 심화 문제를 풀면서 수학 개념을 확실히 이해하여 창의적 사고력을 높일 수 있습니다.

'만점왕 수학 고난도'를 더욱 효과적으로 공부하려면?

'만점왕 수학'으로 기본개념을 익히고 '만점왕 수학 플러스'로 기초적인 응용 문제를 해결하고 난 후, '만점왕 수학 고난도'의 단계별 고난도 문제를 해결함으로써 수학적 문제해결력 및 창의적 사고력을 향상시킬 수 있습니다.

차례

1

분수의 나눗셈

개념 알기

개념 1 분모가 같은 (분수)÷(분수)

(1) 분모가 같은 (분수)÷(단위분수)

• $\dfrac{4}{5} \div \dfrac{1}{5}$의 계산

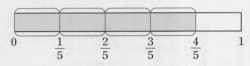

$\dfrac{4}{5}$에서 $\dfrac{1}{5}$을 4번 덜어낼 수 있습니다.

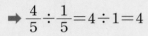

➡ $\dfrac{4}{5} \div \dfrac{1}{5} = 4 \div 1 = 4$

(2) 분모가 같은 (분수)÷(분수)

• $\dfrac{5}{7} \div \dfrac{2}{7}$의 계산

$\dfrac{5}{7}$는 $\dfrac{1}{7}$이 5개, $\dfrac{2}{7}$는 $\dfrac{1}{7}$이 2개이므로 5개를 2개로 나누는 것과 같습니다.

➡ $\dfrac{5}{7} \div \dfrac{2}{7} = 5 \div 2 = \dfrac{5}{2} = 2\dfrac{1}{2}$

▶ 분자끼리 나누어 떨어지는 분모가 같은 (분수)÷(분수) 계산하기

예) $\dfrac{8}{9} \div \dfrac{2}{9} = 8 \div 2 = 4$

▶ $\dfrac{●}{5}$는 $\dfrac{1}{5}$이 ●개인 수입니다.

▶ 분모가 같은 (분수)÷(분수) 계산하기
분자끼리 나누어 계산하고 분자끼리 나누어 떨어지지 않을 경우에는 몫이 분수로 나옵니다.

---

1 □ 안에 알맞은 수를 써넣으세요.

(1) $\dfrac{8}{9} \div \dfrac{1}{9} = \boxed{} \div \boxed{} = \boxed{}$

(2) $\dfrac{9}{11} \div \dfrac{3}{11} = 9 \div \boxed{} = \boxed{}$

2 수직선을 보고 ㉡÷㉠의 몫을 구해 보세요.

(   )

개념 응용하기

응용 1 준수네 가족은 점심으로 피자를 먹으려고 합니다. 피자 한 판을 같은 크기로 18조각으로 나누어서 아빠는 9조각, 엄마는 4조각을 먹었습니다. 아빠가 먹은 피자는 엄마가 먹은 피자의 몇 배인지 구해 보세요.

(!) 피자 한 판을 같은 크기로 나눈 18조각 중 한 조각은 피자 한 판의 $\dfrac{1}{18}$입니다.

풀이 아빠가 먹은 피자는 피자 한 판의 $\dfrac{\boxed{}}{18}$이고

엄마가 먹은 피자는 피자 한 판의 $\dfrac{\boxed{}}{18}$입니다.

(아빠가 먹은 피자) ÷ (엄마가 먹은 피자) $= \dfrac{\boxed{}}{18} \div \dfrac{\boxed{}}{18} = \boxed{} \div \boxed{} = \dfrac{\boxed{}}{\boxed{}} = \boxed{}$

아빠가 먹은 피자는 엄마가 먹은 피자의 $\boxed{}$ 배입니다.

1 계산 결과가 큰 것부터 차례대로 기호를 써 보세요.

$$\bigcirc\ \frac{4}{7} \div \frac{2}{7} \qquad \bigcirc\ \frac{7}{9} \div \frac{3}{9} \qquad \bigcirc\ \frac{7}{11} \div \frac{4}{11} \qquad \textcircled{ㄹ}\ \frac{6}{12} \div \frac{2}{12}$$

(   )

2 빈 곳에 알맞은 수를 써넣으세요.

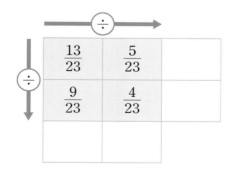

3 $\dfrac{14}{19} \div \dfrac{\bullet}{19}$ 의 몫은 자연수입니다. ●가 될 수 있는 자연수를 모두 써 보세요.

(   )

개념 알기

개념 **2** 분모가 다른 (분수)÷(분수), (자연수)÷(분수)

(1) 분모가 다른 (분수)÷(분수)

• $\dfrac{2}{3} \div \dfrac{5}{7}$의 계산

[방법 1] 통분하여 분모가 같은 분수의 나눗셈으로 계산합니다.

$$\dfrac{2}{3} \div \dfrac{5}{7} = \dfrac{14}{21} \div \dfrac{15}{21} = 14 \div 15 = \dfrac{14}{15}$$

[방법 2] 나눗셈을 곱셈으로 바꾸고 나누는 분수의 분모와 분자를 바꾸어 계산합니다.

$$\dfrac{2}{3} \div \dfrac{5}{7} = \dfrac{2}{3} \times \dfrac{7}{5} = \dfrac{14}{15}$$

(2) (자연수)÷(분수)

• $16 \div \dfrac{2}{5}$의 계산

[방법 1] 자연수를 분수의 분자로 나눈 후 분모를 곱하여 계산합니다.

$$16 \div \dfrac{2}{5} = (16 \div 2) \times 5 = 40$$

[방법 2] 분수의 곱셈으로 나타내어 계산합니다.

$$16 \div \dfrac{2}{5} = \overset{8}{16} \times \dfrac{5}{\underset{1}{2}} = 40$$

▶ 두 분수의 통분
두 분모의 곱 또는 두 분모의 최소공배수를 공통분모로 하여 통분합니다.

▶ (자연수)÷(진분수)의 계산 결과
진분수는 1보다 작으므로 몫은 항상 나누어지는 수보다 큽니다.

---

1 계산해 보세요.

(1) $\dfrac{4}{5} \div \dfrac{3}{7}$

(2) $\dfrac{2}{3} \div \dfrac{7}{11}$

2 두 식의 몫의 합을 구해 보세요.

$$12 \div \dfrac{3}{5} \qquad 8 \div \dfrac{4}{11}$$

(   )

3 계산 결과를 비교하여 ○ 안에 >, =, <를 알맞게 써넣으세요.

$$\dfrac{6}{7} \div \dfrac{3}{14} \quad \bigcirc \quad \dfrac{8}{9} \div \dfrac{1}{2}$$

개념 응용하기

응용 2 빵 한 개를 만드는 데 밀가루가 $\frac{1}{3}$ kg 필요합니다. 밀가루를 승연이는 $\frac{7}{18}$ kg, 나연이는 $\frac{5}{6}$ kg, 준호는 $\frac{11}{12}$ kg 가지고 있습니다. 승연이, 나연이, 준호는 빵을 각각 몇 개씩 만들 수 있는지 구해 보세요. (단, 남는 밀가루는 사용하지 않습니다.)

(!) 나눗셈식을 세워 만들 수 있는 빵의 수를 구해 봅니다.

풀이 빵 한 개를 만드는 데 필요한 밀가루는 □ kg이므로

(승연이가 만들 수 있는 빵의 수)$= \dfrac{\Box}{\Box} \div \dfrac{1}{3} = \dfrac{\Box}{\Box} \times \dfrac{3}{1} = \dfrac{\Box}{\Box} = \Box$

(나연이가 만들 수 있는 빵의 수)$= \dfrac{\Box}{\Box} \div \dfrac{1}{3} = \dfrac{\Box}{\Box} \times \dfrac{3}{1} = \Box$

(준호가 만들 수 있는 빵의 수)$= \dfrac{\Box}{\Box} \div \dfrac{1}{3} = \dfrac{\Box}{\Box} \times \dfrac{3}{1} = \dfrac{\Box}{\Box} = \Box$

빵을 승연이는 □ 개, 나연이는 □ 개, 준호는 □ 개 만들 수 있습니다.

1 가장 큰 수를 가장 작은 수로 나눈 몫을 기약분수로 나타내어 보세요.

$$\frac{5}{11} \qquad \frac{5}{9} \qquad \frac{5}{6} \qquad \frac{5}{13} \qquad \frac{5}{7}$$

( )

2 사과 $\frac{5}{6}$ 상자에 들어 있는 사과의 무게는 9 kg입니다. 사과 한 상자에 들어 있는 사과의 무게는 몇 kg인지 구해 보세요.

( )

3 진선이는 $\frac{7}{8}$ km를 걷고, 은성이는 $\frac{5}{16}$ km 걸었습니다. 진선이가 걸은 거리는 은성이가 걸은 거리의 몇 배인지 구해 보세요.

( )

개념 알기

개념 3 **대분수의 나눗셈, 분수의 나눗셈의 활용**

(1) 대분수의 나눗셈

- $4\frac{2}{3} \div 1\frac{1}{4}$ 의 계산

  [방법 1] 대분수를 가분수로 나타낸 후 분수를 통분하여 분모가 같은 분수의 나눗셈으로 계산합니다.

  $$4\frac{2}{3} \div 1\frac{1}{4} = \frac{14}{3} \div \frac{5}{4} = \frac{56}{12} \div \frac{15}{12} = 56 \div 15 = \frac{56}{15} = 3\frac{11}{15}$$

  [방법 2] 대분수를 가분수로 나타낸 후 나눗셈을 곱셈으로 나타내어 계산합니다.

  $$4\frac{2}{3} \div 1\frac{1}{4} = \frac{14}{3} \div \frac{5}{4} = \frac{14}{3} \times \frac{4}{5} = \frac{56}{15} = 3\frac{11}{15}$$

(2) 분수의 나눗셈의 활용

  예) $1\frac{3}{5}$ L의 휘발유로 $8\frac{7}{10}$ km를 가는 자동차가 있습니다.

  ① (1 L의 휘발유로 갈 수 있는 거리)

  = (전체 거리) ÷ (사용한 휘발유의 양)

  $$= 8\frac{7}{10} \div 1\frac{3}{5} = \frac{87}{10} \div \frac{8}{5} = \frac{87}{\overset{2}{10}} \times \frac{\overset{1}{5}}{8} = \frac{87}{16} = 5\frac{7}{16} \text{ (km)}$$

  ② (1 km를 갈 때 필요한 휘발유의 양)

  = (사용한 휘발유의 양) ÷ (전체 거리)

  $$= 1\frac{3}{5} \div 8\frac{7}{10} = \frac{8}{5} \div \frac{87}{10} = \frac{8}{\overset{}{5}_{1}} \times \frac{\overset{2}{10}}{87} = \frac{16}{87} \text{ (L)}$$

▶ 대분수를 가분수로 나타내기

▶ (분수) ÷ (분수)를 (분수) × (분수)로 나타내는 방법

나눗셈을 곱셈으로 나타내고 나누는 분수의 분모와 분자를 바꿉니다.

▶ 곱셈식에서 모르는 수를 구할 때

곱셈과 나눗셈의 관계를 이용하여 구합니다.

● × □ = ▲ ➡ □ = ▲ ÷ ●

● ÷ □ = ▲ ➡ □ = ● ÷ ▲

---

1 계산해 보세요.

(1) $3\frac{1}{9} \div 1\frac{1}{6}$

(2) $4\frac{4}{5} \div 2\frac{2}{3}$

2 아이스크림 $\frac{3}{5}$ kg의 가격은 4500원입니다. 아이스크림 1 kg의 가격은 얼마인지 구해 보세요.

(   )

3 굵기가 일정한 통나무 $2\frac{8}{9}$ m의 무게는 $4\frac{2}{5}$ kg입니다. 같은 통나무 1 kg의 길이는 몇 m인지 구해 보세요.

(   )

응용 3 진성이의 전기자전거는 $\frac{3}{5}$시간 충전해서 $2\frac{3}{5}$ km를 갈 수 있고, 자희의 전기자전거는 $\frac{3}{4}$시간 충전해서 $3\frac{1}{5}$ km를 갈 수 있습니다. 진성이와 자희의 전기자전거가 1시간 충전해서 갈 수 있는 거리의 차는 몇 km인지 구해 보세요.

(!) 진성이와 자희의 전기자전거가 1시간 충전해서 갈 수 있는 거리를 각각 구해 봅니다.

풀이 (진성이의 전기자전거가 1시간 충전해서 갈 수 거리)

$=2\frac{3}{5}\div\boxed{}=\dfrac{\boxed{}}{5}\div\dfrac{\boxed{}}{\boxed{}}=\dfrac{\boxed{}}{5}\times\dfrac{\boxed{}}{\boxed{}}=\dfrac{\boxed{}}{\boxed{}}=\boxed{}$ (km)

(자희의 전기자전거가 1시간 충전해서 갈 수 있는 거리)

$=3\frac{1}{5}\div\boxed{}=\dfrac{\boxed{}}{5}\div\dfrac{\boxed{}}{\boxed{}}=\dfrac{\boxed{}}{5}\times\dfrac{\boxed{}}{\boxed{}}=\dfrac{\boxed{}}{\boxed{}}=\boxed{}$ (km)

진성이와 자희의 전기자전거가 1시간 충전해서 갈 수 있는 거리의 차는

$\boxed{}-\boxed{}=\boxed{}$ (km)입니다.

1 ㉠과 ㉡의 합을 구해 보세요.

㉠ $6\frac{3}{4}\div1\frac{4}{5}$ ㉡ $3\frac{1}{9}\div1\frac{1}{6}$

(   )

2 □ 안에 알맞은 수를 구해 보세요.

$\square\times1\frac{1}{14}=1\frac{4}{21}$

(   )

3 1분에 $1\frac{1}{3}$ km를 가는 자동차가 있습니다. 이 자동차가 같은 빠르기로 $5\frac{2}{5}$ km를 가는 데 걸리는 시간은 몇 분인지 구해 보세요.

(   )

01 다음 조건을 만족하는 나눗셈식을 모두 쓰고 각각 답을 구해 보세요.

> - $9 \div 7$을 이용하여 계산할 수 있습니다.
> - 분모가 13보다 작은 짝수인 진분수의 나눗셈입니다.
> - 두 분수의 분모는 같습니다.

식 _____

02 계산 결과가 1보다 큰 것을 찾아 기호를 써 보세요.

> ㉠ $\dfrac{4}{5} \div \dfrac{7}{5}$ ㉡ $\dfrac{3}{8} \div \dfrac{3}{4}$
>
> ㉢ $\dfrac{3}{5} \div \dfrac{4}{9}$ ㉣ $\dfrac{1}{4} \div \dfrac{5}{8}$

(   )

03 넓이가 $1\dfrac{1}{2}$ m²인 평행사변형이 있습니다. 이 평행사변형의 높이가 $\dfrac{4}{5}$ m일 때 밑변의 길이는 몇 m인지 구해 보세요.

(   )

04 화선이는 포도 주스 2 L 중 $\dfrac{4}{13}$ L를 마셨습니다. 남은 포도 주스를 하루에 $\dfrac{2}{13}$ L씩 마신다면 며칠 동안 마실 수 있는지 구해 보세요.

(   )

05 운동장 둘레 $\frac{7}{9}$ km를 한 바퀴 도는 데 지현이는 $\frac{7}{10}$ 시간, 영건이는 $\frac{5}{6}$ 시간이 걸립니다. 지현이와 영건이가 1시간 동안 갈 수 있는 거리는 각각 몇 km인지 구해 보세요.

지현 (   )

영건 (   )

06 선영이가 화단에 튤립과 국화를 심었습니다. 화단 전체의 $\frac{3}{7}$ 에 튤립을 심고 남은 부분에는 국화를 심었습니다. 국화를 심은 부분의 넓이가 320 m²일 때, 튤립을 심은 부분의 넓이는 몇 m²인지 구해 보세요.

(   )

07 어떤 수에 $1\frac{5}{12}$ 를 곱했더니 $2\frac{3}{4}$ 이 되었습니다. 어떤 수를 $\frac{9}{11}$ 로 나눈 값은 얼마인지 구해 보세요.

(   )

08 수 카드 중 3장을 골라 가장 큰 대분수를 만들고, 남은 수 카드 2장을 모두 사용하여 진분수를 만들려고 합니다. 나눗셈식 (대분수)÷(진분수)를 세우고 답을 구해 보세요.

| 2 | 5 | 7 | 8 | 9 |

식 _____

답 _____

LEVEL 2

01 □ 안에 들어갈 수 있는 자연수 중 가장 큰 수를 구해 보세요.

$$3\frac{2}{3} \div \frac{5}{8} > \square$$

(   )

02 휘발유 $\frac{4}{5}$ L로 $6\frac{6}{7}$ km를 가는 트럭이 있습니다. 이 트럭은 휘발유 7 L로 몇 km 갈 수 있는지 구해 보세요.

(   )

03 은빈이는 오늘 아침에 동화책 전체의 $\frac{1}{5}$을 읽었고, 점심 시간에 아침에 읽고 남은 부분의 $\frac{1}{4}$을 읽었습니다. 점심 시간까지 읽고 남은 쪽수는 126쪽입니다. 이 동화책은 전체 몇 쪽인지 구해 보세요.

(   )

04 4장의 수 카드를 한 번씩만 모두 사용하여 (자연수)÷(대분수)를 만들려고 합니다. 몫이 가장 크게 되는 나눗셈식을 만들고 몫을 기약분수로 나타내어 보세요.

| 3 | 5 | 6 | 8 |

식 _____

답 _____

05 삼각형의 넓이는 $1\frac{1}{6}$ cm²입니다. 밑변의 길이가 $1\frac{5}{9}$ cm일 때 삼각형의 높이는 몇 cm인지 구해 보세요.

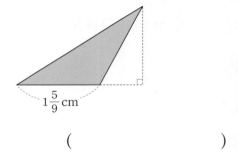

$1\frac{5}{9}$ cm

(   )

06 가◎나＝가÷나÷나일 때, 두 식의 크기를 비교하여 ○ 안에 ＞, ＝, ＜를 써넣으세요.

$$1\frac{4}{9} ◎ \frac{5}{18}$$ ○ $$2\frac{1}{7} ◎ \frac{5}{14}$$

07 자동차 공장에서 자동차 한 대를 생산하는 데 $3\frac{4}{5}$시간이 걸립니다. 이 공장에서 하루에 $11\frac{2}{5}$ 시간씩 자동차를 생산한다면 30일 동안 생산할 수 있는 자동차는 모두 몇 대인지 구해 보세요.

(   )

08 현성이는 어머니와 함께 밀가루를 반죽하고 있습니다. 현성이가 반죽한 밀가루는 어머니가 반죽한 밀가루의 $\frac{4}{5}$배보다 $\frac{7}{15}$ kg 더 많았습니다. 현성이가 반죽한 밀가루가 $1\frac{4}{5}$ kg이라면 어머니가 반죽한 밀가루는 몇 kg인지 구해 보세요.

(   )

09 $\frac{3}{4}$으로 나누어도 $\frac{7}{8}$로 나누어도 계산 결과가 자연수인 분수 중에서 크기가 가장 작은 수를 구해 보세요.

(   )

01 길이가 $3\frac{2}{5}$ cm인 양초가 있습니다. 이 양초는 10분마다 $\frac{1}{5}$ cm가 탑니다. 이 양초에 불을 붙이기 시작하여 $1\frac{1}{5}$ cm가 남을 때까지 걸리는 시간은 몇 시간 몇 분인지 구해 보세요.

(   )

03 떨어뜨린 높이의 $\frac{3}{4}$만큼 튀어오르는 공이 있습니다. 이 공을 떨어뜨려 두 번째에 튀어오른 높이가 $2\frac{1}{2}$ m라면 처음 공을 떨어뜨린 높이는 몇 m인지 구해 보세요.

(   )

02 색칠한 부분이 전체의 $\frac{7}{12}$일 때 전체 길이는 몇 cm인지 구해 보세요.

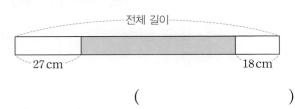

전체 길이

27 cm   18 cm

(   )

04 36분 동안 $3\frac{1}{2}$ L의 물이 나오는 수도가 있습니다. 이 수도에서 나오는 물의 양이 일정할 때 6시간 동안 받을 수 있는 물의 양은 몇 L인지 구해 보세요.

(   )

05 하프 마라톤은 21.1 km의 거리를 달리는 스포츠입니다. 가 선수는 $1\frac{3}{10}$ 시간 동안 달려 완주하고, 나 선수는 $2\frac{1}{6}$ 시간 동안 달려 완주하였습니다. 가 선수가 1시간 동안 달린 거리는 나 선수가 1시간 동안 달린 거리의 몇 배인지 구해 보세요.

(   )

06 어느 공장에서 인형 1개를 만드는 데 ㉮ 기계는 4분이 걸리고 ㉯ 기계는 6분이 걸립니다. ㉮와 ㉯ 두 기계로 인형 90개를 만드는 데 걸리는 시간은 몇 시간 몇 분인지 구해 보세요.

(   )

07 어느 날 밤의 길이는 낮의 길이의 $\frac{7}{11}$ 배였습니다. 이 날 낮의 길이는 몇 시간 몇 분인지 구해 보세요.

(   )

08 합이 $6\frac{11}{15}$, 차가 $1\frac{14}{15}$ 인 두 분수가 있습니다. 큰 수를 작은 수로 나눈 몫을 구해 보세요.

(   )

09 다음은 일정한 규칙에 따라 나열해 놓은 수입니다. ㉮÷㉯의 값을 구해 보세요.

$$\frac{1}{250}, \quad \frac{1}{125}, \quad ㉮, \quad \frac{2}{125}, \quad \frac{1}{50}, \quad ㉯ \cdots\cdots$$

(   )

01 지환이는 가지고 있던 용돈의 $\frac{1}{3}$은 영화를 관람하는 데 사용하고, 나머지의 $\frac{3}{4}$은 햄버거를 사먹고, 남은 돈은 저축을 하였습니다. 저축을 한 돈은 햄버거를 사먹은 돈의 몇 배인지 구해 보세요.

(   )

02 다음 식에서 ▲와 ■는 자연수입니다. 주어진 식이 성립할 수 있도록 하는 ▲와 ■에 알맞은 수의 쌍 (▲, ■)는 모두 몇 쌍인지 구해 보세요.

$$9 \div \frac{▲}{8} = ■$$

(   )

03 빈 어항에 전체의 $\frac{5}{8}$만큼 물을 넣고 무게를 재어 보니 941 g이었고, 넣은 물의 $\frac{3}{10}$만큼을 사용한 후 다시 무게를 재어 보니 725 g이었습니다. 빈 어항의 무게는 몇 g인지 구해 보세요.

(   )

04 벽 $11\frac{2}{3}$ m²를 칠하려면 페인트 $2\frac{1}{7}$ L가 필요합니다. 페인트 10 L로 벽 35 m²를 칠했다면 남은 페인트는 몇 L인지 구해 보세요.

(   )

05 혜성이는 위인전을 3일 동안 모두 읽었습니다. 첫째날에는 전체의 $\frac{1}{4}$을 읽었고, 둘째 날에는 전체의 $\frac{3}{5}$보다 70쪽 적게 읽었고, 마지막 날에는 첫째날 읽은 양의 $\frac{4}{5}$보다 45쪽 더 읽었습니다. 혜성이가 읽은 위인전의 전체 책의 쪽수는 몇 쪽인지 구해 보세요.

(   )

06 삼각형 ㄹㅁㄷ의 넓이는 직사각형 ㄱㄴㄷㄹ의 넓이의 $\frac{3}{8}$입니다. 선분 ㅁㄷ의 길이는 몇 cm 인지 구해 보세요.

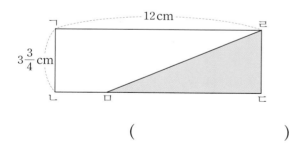

(   )

07 주연이의 수학 점수는 국어 점수의 $1\frac{1}{4}$배이고, 과학 점수는 수학 점수의 $\frac{7}{10}$배입니다. 국어, 수학, 과학 점수의 평균이 75점이라면 국어 점수는 몇 점인지 구해 보세요.

(   )

08 주어진 식을 보고 가는 다의 몇 배인지 구해 보세요.

$$가+나+다=13\frac{9}{20}$$
$$가+나+라=15\frac{19}{20}$$
$$가+다+라=16\frac{1}{2}$$
$$나+다+라=17\frac{17}{20}$$

(   )

01 ㉠은 ㉡의 몇 배인지 구해 보세요.

$$㉠ \ 15 \div \frac{3}{4} \qquad ㉡ \ 4 \div \frac{2}{5}$$

( )

02 □ 안에 들어갈 수 있는 자연수는 모두 몇 개인지 구해 보세요.

$$14 \div \frac{2}{\square} < 19 \div \frac{4}{7}$$

( )

03 희원이네 반에서 피자 6판을 주문했습니다. 주문한 피자를 3판씩 ㉮ 모둠과 ㉯ 모둠으로 나누어 먹으려고 합니다. ㉮ 모둠은 한 조각이 한 판의 $\frac{1}{4}$이 되도록 모두 자르고, ㉯ 모둠은 한 조각이 한 판의 $\frac{1}{6}$이 되도록 모두 잘랐습니다. 피자는 모두 몇 조각인지 구해 보세요.

( )

04 어떤 정다각형의 둘레는 $4\frac{4}{7}$ m이고 한 변의 길이는 $\frac{4}{7}$ m입니다. 이 정다각형의 이름을 써 보세요.

( )

05 $\frac{7}{12}$을 어떤 수로 나누어야 할 것을 잘못하여 곱했더니 $\frac{35}{36}$가 되었습니다. 바르게 계산하면 얼마인지 기약분수로 나타내어 보세요.

( )

06 □ 안에 들어갈 수 있는 자연수를 모두 구해 보세요. (단, $\dfrac{\square}{15}$ 는 기약분수입니다.)

$$\frac{3}{8} \div \frac{5}{8} < \frac{\square}{15} < 1\frac{7}{10} \div 1\frac{8}{9}$$

(   )

07 사다리꼴의 넓이가 $4\dfrac{13}{16}$ cm²입니다. 이 사다리꼴의 윗변의 길이는 $2\dfrac{5}{8}$ cm이고 높이는 $2\dfrac{1}{5}$ cm일 때, 아랫변의 길이는 몇 cm인지 구해 보세요.

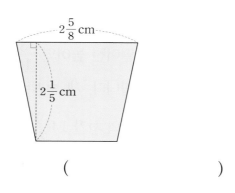

(   )

08 어떤 분수를 주어진 두 수로 각각 나눈 몫이 모두 자연수입니다. 어떤 분수 중에서 가장 작은 대분수를 구해 보세요.

$$1\frac{13}{14} \qquad 2\frac{4}{7}$$

(   )

09 수영이네 학교의 학생은 작년에 584명이었고, 올해 562명입니다. 올해 여학생 수는 작년 여학생 수의 $\dfrac{2}{25}$ 만큼 줄었고, 남학생 수는 변함이 없다고 합니다. 수영이네 학교의 올해 남학생은 몇 명인지 구해 보세요.

(   )

10 길이가 15 cm인 양초에 불을 붙이고 1시간 36분 후에 남은 양초의 길이를 재어 보니 $8\frac{1}{3}$ cm였습니다. 이 양초가 일정한 빠르기로 탄다면 남은 양초가 모두 타는 데 걸리는 시간은 몇 시간인지 구해 보세요.

(   )

11 지수는 가지고 있던 색 테이프의 $\frac{1}{2}$은 월요일에 사용하고, 월요일에 사용하고 남은 색 테이프의 $\frac{2}{5}$는 화요일에 사용하고, 화요일에 사용하고 남은 색 테이프의 $\frac{1}{3}$은 수요일에 사용했습니다. 수요일에 사용하고 남은 색 테이프의 길이가 $\frac{4}{5}$ m라면 지수가 처음에 가지고 있던 색 테이프의 길이는 몇 m인지 구해 보세요.

(   )

12 오른쪽 그림과 같이 정사각형 가, 나, 다가 겹쳐 있습니다. ㉠의 넓이는 나의 $\frac{1}{4}$이고, ㉡의 넓이는 다의 $\frac{1}{6}$입니다. ㉠의 넓이가 ㉡의 넓이의 $\frac{3}{4}$이라면 나의 넓이는 다의 넓이의 몇 배인지 구해 보세요.

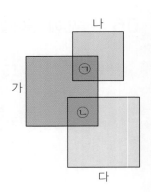

(   )

13 과학 시간에 고무공 2개를 같은 높이에서 떨어뜨리는 실험을 하려고 합니다. ㉮ 고무공은 떨어진 높이의 $\frac{9}{10}$만큼 다시 튀어 오르고, ㉯ 고무공은 떨어진 높이의 $\frac{3}{10}$만큼 다시 튀어 오른다고 합니다. 세 번째로 튀어 올랐을 때 두 공의 높이의 차가 $14\frac{1}{25}$ m라면 처음 공을 떨어뜨린 높이는 몇 m인지 구해 보세요.

(   )

2 소수의 나눗셈

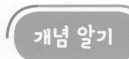

개념 1   자릿수가 같은 (소수)÷(소수)

(1) (소수 한 자리 수)÷(소수 한 자리 수)

• $30.4 \div 0.4$의 계산

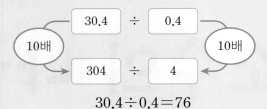

$$30.4 \div 0.4 = 76$$

(2) (소수 두 자리 수)÷(소수 두 자리 수)

• $1.65 \div 0.15$의 계산

[방법 1] 분수의 나눗셈으로 바꾸어 계산합니다.

$$1.65 \div 0.15 = \frac{165}{100} \div \frac{15}{100} = 165 \div 15 = 11$$

[방법 2] 소수점을 옮겨 세로로 계산합니다.

$$0.15 \overline{)1.65} \;\; \Rightarrow \;\; 0.1\,5 \overline{)1.6\,5}$$

소수점을 각각 오른쪽으로 두 자리씩 옮겨서 계산합니다.

> ▶ 자연수의 나눗셈을 이용한
> (소수)÷(소수)
> 나누어지는 수와 나누는 수에 똑같이 10배 또는 100배를 하여
> (자연수)÷(자연수)로 계산합니다.
>
> ▶ 소수를 분수로 나타내기
> 소수 한 자리 수는 분모가 10인 분수로, 소수 두 자리 수는 분모가 100인 분수로 나타낼 수 있습니다.
>
> ▶ 몫의 소수점의 위치
> 옮긴 소수점의 위치에 소수점을 찍어 주어야 합니다.

---

1 $5.4 \div 0.3$을 두 가지 방법으로 계산하려고 합니다. ☐ 안에 알맞은 수를 써 넣으세요.

(1)
$$5.4 \div 0.3 = \frac{\boxed{}}{10} \div \frac{\boxed{}}{10}$$
$$= \boxed{} \div \boxed{} = \boxed{}$$

(2)
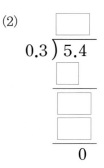

2   계산을 해 보세요.

(1) $8.4 \div 0.3$ (2) $1.92 \div 0.04$

개념 응용하기

응용 1

준수는 부모님과 함께 포도 농장을 방문하였습니다. 엄마는 포도를 10.4 kg, 아빠는 12.3 kg, 준수는 6.7 kg 수확하였습니다. 준수 가족이 수확한 모든 포도를 한 상자에 4.2 kg씩 담으려고 한다면 몇 상자에 담을 수 있는지 구해 보세요.

⚠️ 준수네 가족이 수확한 전체 포도의 양을 구합니다.

풀이 (엄마 포도 수확량)＋(아빠 포도 수확량)＋(준수 포도 수확량)

$= \boxed{} + \boxed{} + \boxed{} = \boxed{}$ (kg)

한 상자에 4.2 kg씩 담으면

(상자 수)$= \boxed{} \div 4.2 = \boxed{}$ (상자)

1 두 나눗셈의 몫의 합은 얼마인지 구해 보세요.

$$17.4 \div 2.9$$

$$39.12 \div 3.26$$

( )

2 넓이가 14.64 m²인 평행사변형이 있습니다. 이 평행사변형의 밑변의 길이가 2.44 m일 때 높이는 몇 m인지 구해 보세요.

( )

3 혜수와 도영이는 길이가 3.68 m인 색 테이프를 각각 가지고 있습니다. 이 색 테이프를 혜수는 0.16 m씩, 도영이는 0.23 m씩 모두 잘랐습니다. 두 사람이 자른 색 테이프는 모두 몇 조각인지 구해 보세요.

( )

개념 알기

개념 2 자릿수가 다른 (소수)÷(소수) / (자연수)÷(소수)

(1) 자릿수가 다른 (소수)÷(소수)

• 4.25÷1.7의 계산

[방법 1] 나누어지는 수가 자연수가 되도록 소수점을 옮겨 계산합니다.

100배

$$4.25÷1.7=2.5 \quad 425÷170=2.5$$

100배

[방법 2] 나누는 수가 자연수가 되도록 소수점을 옮겨 계산합니다.

10배

$$4.25÷1.7=2.5 \quad 42.5÷17=2.5$$

10배

(2) (자연수)÷(소수)

• 6÷0.25의 계산

[방법 1] 분수의 나눗셈으로 바꾸어 계산합니다.

$$6÷0.25=\frac{600}{100}÷\frac{25}{100}=600÷25=24$$

[방법 2] 소수점을 옮겨 세로로 계산합니다.

$$0.25\overline{)6}$$ ➡

```
        2 4
0.2 5)6.0 0
      5 0
      1 0 0
      1 0 0
            0
```

나누는 수가 자연수가 되도록 소수점을 오른쪽으로 두 자리씩 옮겨 계산합니다.

나누어지는 수 끝자리 아래에 0이 계속 있는 것으로 생각하고 계산합니다.

▶ 분모가 100인 분수로 고쳐 계산하기

$$4.25÷1.7=\frac{425}{100}÷\frac{170}{100}$$
$$=425÷170=2.5$$

▶ 분모가 10인 분수로 고쳐 계산하기

$$4.25÷1.7=\frac{42.5}{10}÷\frac{17}{10}$$
$$=42.5÷17=2.5$$

▶ 나누어지는 수와 몫, 나누는 수와 몫의 관계

• 나누어지는 수가 같을 때 나누는 수가 $\frac{1}{10}$배씩 작아지면 몫은 10배씩 커집니다.

• 나누는 수가 같을 때 나누어지는 수가 10배씩 커지면 몫도 10배씩 커집니다.

1 계산을 해 보세요.

(1) $34.44÷8.2$

(2) $10.07÷5.3$

2 ☐ 안에 알맞은 수를 써 넣으세요.

(1)
$$108÷12=\boxed{}$$
$$108÷1.2=\boxed{}$$
$$108÷0.12=\boxed{}$$

(2)
$$1.44÷0.06=\boxed{}$$
$$14.4÷0.06=\boxed{}$$
$$144÷0.06=\boxed{}$$

개념 응용하기

응용 2 진석이는 가족들과 함께 김치를 담갔습니다. 김치가 가 상자에는 10 kg, 나 상자에는 12 kg이 있습니다. 모든 김치를 통 한 개에 5.5 kg씩 나누어서 김치통에 담으려고 합니다. 필요한 김치통은 모두 몇 개인지 구해 보세요.

(!) 가 상자와 나 상자에 있는 김치의 총 무게를 먼저 구합니다.

풀이 (가 상자의 김치)＋(나 상자의 김치)

= ☐ ＋ ☐ = ☐ (kg)

5.5 kg씩 나누어 담으므로

(필요한 김치통) = ☐ ÷5.5＝ ☐ (개)

---

1 몫의 크기를 비교하여 ○ 안에 ＞, ＝, ＜를 알맞게 써 넣으세요.

(1) $23.94 \div 3.8$ ○ $22.96 \div 4.1$

(2) $288 \div 6.4$ ○ $63 \div 2.25$

2 굵기가 일정한 철근 2.5 m의 무게가 21.25 kg입니다. 이 철근 1 m의 무게는 몇 kg인지 구해 보세요.

(   )

3 시은이네 목장에서 오늘 짠 우유 20 L를 병 한 개에 1.25 L씩 나누어 담으려고 합니다. 필요한 병은 몇 개인지 구해 보세요.

(   )

개념 **3** 몫을 반올림하기 / 나누어 주고 남는 양

(1) $8.9 \div 7$의 몫을 반올림하여 나타내기

$$8.9 \div 7 = 1.27142\cdots\cdots$$

- 몫을 반올림하여 자연수로 나타내면 1입니다.
- 몫을 반올림하여 소수 첫째 자리까지 나타내면 1.3입니다.
- 몫을 반올림하여 소수 둘째 자리까지 나타내면 1.27입니다.

(2) 나누어 주고 남는 양을 알아보기

> **예** 사탕 53.4 g를 7 g씩 나누어 줄 때 나누어 줄 수 있는 사람 수와 남는 사탕의 양을 구해 보세요.

[방법 1] 나누어지는 수에서 나누는 수를 덜어 내어 구합니다.

$$53.4 - 7 - 7 - 7 - 7 - 7 - 7 - 7 = 4.4$$

➡ 나누어 줄 수 있는 사람 수: 7명, 남는 사탕 양: 4.4 g

[방법 2] 세로셈으로 알아봅니다.

한 사람이 가지는 사탕의 양 ← ⑦) 5 3.4 → 나누어 줄 수 있는 사람 수: 7명
나누어 주는 사탕의 양 ← ④ 9
                      ④.④ → 남는 사탕의 양: 4.4 kg

▶ **반올림**
반올림하여 나타내는 자리의 바로 아래 자리 숫자가 0, 1, 2, 3, 4이면 버림하고, 5, 6, 7, 8, 9이면 올림합니다.

▶ $53.4 \div 7$의 몫을 자연수까지만 구할 때 남는 수 구하기
53.4에서 7씩 7번 덜어 내고 4.4가 남으므로 몫은 7이고 남는 수는 4.4입니다.

▶ **나머지의 소수점의 위치**
나머지의 소수점 위치는 나누어지는 수의 처음 소수점의 위치와 같습니다.

---

1 $2.6 \div 0.7$을 계산하려고 합니다. 물음에 답해 보세요.

(1) 몫을 반올림하여 자연수로 나타내어 보세요. (   )

(2) 몫을 반올림하여 소수 첫째 자리까지 나타내어 보세요. (   )

2 뺄셈식을 보고 ☐ 안에 알맞은 수를 써 넣으세요.

$$26.5 - 3 - 3 - 3 - 3 - 3 - 3 - 3 - 3 = 2.5$$

$26.5 \div 3$의 몫은 ☐ 이고, 나머지는 ☐ 입니다.

개념 응용하기

응용 3

자동차 한 대를 청소하는 데 물이 7 L 필요합니다. 똑같은 크기의 자동차를 청소하려고 한다면 76.5 L로 청소할 수 있는 자동차의 수와 남는 물의 양은 몇 L인지 구해 보세요.

! 모두 같은 크기의 자동차를 청소한다고 생각합니다.

풀이 $76.5-7-7-7-7-7-7-7-7-7-7=$ ⬚ 이므로

76.5에서 7을 ⬚ 번 덜어 내면 ⬚ 가 남습니다.

따라서 청소할 수 있는 자동차는 ⬚ 대이고 남는 물은 ⬚ L입니다.

---

1 몫을 반올림하여 소수 둘째 자리까지 나타내어 보세요.

$$2 \div 7$$

(   )

2 색연필의 길이는 13.2 cm이고 크레파스의 길이는 7 cm입니다. 색연필의 길이는 크레파스의 길이의 몇 배인지 반올림하여 소수 셋째 자리까지 나타내어 보세요.

(   )

3 포도 51.7 kg을 수확하여 한 상자에 6 kg씩 담으려고 합니다. 몇 상자에 담을 수 있고 남는 포도는 몇 kg인지 구해 보세요.

상자 수 (   )

남는 포도의 양 (   )

01 큰 수를 작은 수로 나누어 몫을 빈 곳에 써 넣으세요.

7.02	0.27

02 다음 조건을 만족하는 나눗셈식을 찾아 계산해 보세요.

> • 7225÷17을 이용하여 계산할 수 있습니다.
> • 나누는 수와 나누어지는 수를 각각 100배하면 7225÷17이 됩니다.

식 _____

03 몫의 크기가 큰 것부터 차례로 기호를 써 보세요.

> ㉠ 21.76÷1.28
> ㉡ 74.76÷6.23
> ㉢ 9.02÷0.82

( )

04 ㉠은 ㉡의 몇 배인지 구해 보세요.

> ㉠ 15.12÷0.08   ㉡ 15.12÷0.8

( )

05 □ 안에 들어갈 수 있는 자연수는 모두 몇 개인지 구해 보세요.

> 24.44÷2.6>□

( )

06 세로가 4.7 cm, 넓이가 31.96 cm²인 직사각형이 있습니다. 이 직사각형의 가로는 몇 cm인지 구해 보세요.

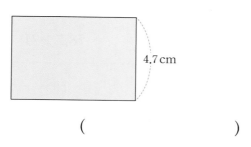

4.7 cm

(   )

07 진수는 우유 54 L를 한 병에 1.8 L씩 담고, 병수는 우유 190 L를 한 병에 2.5 L씩 담았습니다. 진수와 병수가 우유를 담은 병은 모두 몇 개인지 구해 보세요.

(   )

08 어떤 수에 1.75를 곱했더니 15.75가 되었습니다. 어떤 수는 얼마인지 구해 보세요.

(   )

09 길이가 2056.2 m인 도로 양쪽에 29.8 m의 간격으로 전봇대를 설치하려고 합니다. 필요한 전봇대는 몇 개인지 구해 보세요.

(   )

10 일정한 빠르기로 1시간 30분 동안 130 km를 가는 자동차가 있습니다. 이 자동차가 한 시간 동안 갈 수 있는 거리는 몇 km인지 소수 둘째 자리까지 반올림하여 구해 보세요.

(   )

01 다음 중 가장 큰 것의 기호를 써 보세요.

> ㉠ 458÷56.5
> ㉡ 458÷56.5의 몫을 반올림하여 소수 첫째 자리까지 나타낸 수
> ㉢ 458÷56.5의 몫을 반올림하여 소수 둘째 자리까지 나타낸 수

(   )

02 딸기 우유 2.34 L를 한 컵에 0.2 L씩 나누어 담으려고 합니다. 딸기 우유를 남김없이 모두 담으려면 컵은 적어도 몇 개 필요한지 구해 보세요.

(   )

03 몫을 반올림하여 소수 첫째 자리까지 나타낸 수와 반올림하여 소수 둘째 자리까지 나타낸 수의 차는 얼마인지 구해 보세요.

> 78.7÷21

(   )

04 어떤 수를 7.2로 나누어야 할 것을 잘못하여 7.2를 곱하였더니 336.96이 되었습니다. 바르게 계산했을 때의 몫은 얼마인지 구해 보세요.

(   )

05 평행사변형과 삼각형의 넓이는 같습니다. 삼각형 밑변의 길이가 5.1 cm일 때, 높이는 몇 cm인지 구해 보세요.

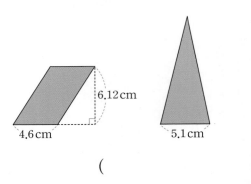

(   )

06 □ 안에 알맞은 수의 합을 구해 보세요.

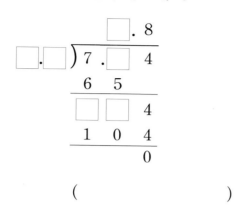

(   )

07 1반 30명의 수학 총 점수는 2400.6점, 2반 25명의 수학 총 점수는 2287.5점입니다. 2반의 수학 평균 점수는 1반 수학 평균 점수의 몇 배인지 반올림하여 소수 둘째 자리까지 나타내어 보세요.

(   )

08 길이가 25 cm인 양초가 있습니다. 이 양초가 8분 동안 0.2 cm씩 일정한 빠르기로 탑니다. 이 양초에 불을 붙인 다음 몇 시간 몇 분이 지나면 11.25 cm가 남게 되는지 구해 보세요.

(   )

09 다음 수 카드 5장을 모두 사용하여 나눗셈식 □.□□÷□.□을 만들려고 합니다. 몫이 가장 큰 나눗셈식의 몫을 반올림하여 소수 둘째 자리까지 나타내었을 때 소수 둘째 자리 숫자는 무엇인지 구해 보세요.

| 2 | 3 | 5 | 7 | 9 |

(   )

01 길이가 148.4 m인 원 모양의 호수 둘레에 4.24 m 간격으로 나무를 심으려고 합니다. 필요한 나무는 모두 몇 그루인지 구해 보세요.
(단, 나무의 굵기는 생각하지 않습니다.)

(   )

02 길이가 5.98 m인 줄을 0.75 m씩 자르고 나서 남은 줄의 길이를 재어 보니 0.73 m였습니다. 줄을 몇 번 자른 것인지 구해 보세요.

(   )

03 ☐ 안에 들어갈 수 있는 자연수는 모두 몇 개인지 구해 보세요.

$$420.66 \div 5.13 < \square < 107.16 \div 1.2$$

(   )

04 생수 21.34 L씩 3통이 있습니다. 이 생수를 한 가구당 3 L씩 남김없이 모두 나누어 주려고 합니다. 적어도 몇 L의 생수가 더 있어야 하는지 구해 보세요.

(   )

05 3시간 24분 동안 224.4 km를 가는 자동차가 있습니다. 이 자동차가 같은 빠르기로 379.5 km를 가려면 몇 시간 몇 분이 걸리는지 구해 보세요.

( )

06 세로의 길이가 3.4 cm이고 넓이가 34.68 cm²인 ㉮ 직사각형과 세로의 길이가 6.5 cm이고 넓이가 56.55 cm²인 ㉯ 직사각형이 있습니다. ㉯ 직사각형 둘레는 ㉮ 직사각형 둘레의 몇 배인지 소수 둘째 자리까지 나타내어 보세요.

( )

07 주스 5.7 L가 담긴 병의 무게는 6.816 kg입니다. 이 병에서 주스 2.2 L를 사용하고 무게를 다시 재어 보니 4.66 kg이었습니다. 빈 병에 주스 2.5 L를 담았을 때 그 무게는 몇 kg인지 구해 보세요.

( )

08 다음 수 카드 중 4장을 사용하여 나눗셈식 □□.□÷□을 만들려고 합니다. 가장 큰 몫은 가장 작은 몫의 몇 배인지 반올림하여 소수 셋째 자리까지 나타내어 보세요.

| 2 | 3 | 4 | 5 | 6 | 7 | 8 | 9 |

( )

01 ㉮☆㉯=(㉯−㉮)÷㉮라고 약속합니다. 다음 두 식의 계산 결과의 차는 얼마인지 구해 보세요.

8☆12.18

7.2☆12.24

(   )

02 몫의 소수 31번째 자리 숫자와 소수 32번째 자리 숫자의 합을 구해 보세요.

459÷99

(   )

03 가로가 50.7 cm, 세로가 27.3 cm인 직사각형 모양의 도화지가 있습니다. 이 도화지를 한 변의 길이가 3.9 cm인 정사각형 모양으로 최대한 많이 자를 때 정사각형은 모두 몇 개인지 구해 보세요.

(   )

04 4분 동안 84.4 L의 물이 나오는 ㉮ 수도와 2분 30초 동안 293.2 L의 물이 나오는 ㉯ 수도가 있습니다. 각 수도에서 나오는 물의 양이 일정할 때, 두 수도를 동시에 틀어서 4497.35 L의 물을 받으려면 몇 분 몇 초가 걸리는지 구해 보세요.

(   )

05 준수의 시계는 9.5일 동안 39.9분씩 빨리 갑니다. 이 시계를 9월 13일 오후 3시에 정확히 맞추어 놓았다면 29일 후 오후 3시에 이 시계가 가리키는 시각은 오후 몇 시 몇 분 몇 초인지 구해 보세요.

(   )

06 정은이는 어제까지 소설책을 전체의 0.25만큼 읽었고 오늘은 어제까지 읽고 남은 부분의 0.4 만큼 읽었더니 189쪽이 남았습니다. 정은이가 읽고 있는 소설책은 전체 몇 쪽인지 구해 보세요.

( )

07 한 장의 길이가 38 cm인 색 테이프를 그림과 같이 4.2 cm씩 겹치게 이어 붙였더니 색테이프의 전체 길이가 409.8 cm가 되었습니다. 이어 붙인 색 테이프는 모두 몇 장인지 구해 보세요.

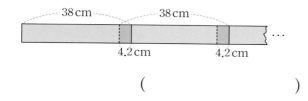

( )

08 주어진 나눗셈의 몫을 반올림하여 소수 둘째 자리까지 나타내면 5.25입니다. 1부터 9까지의 자연수 중에서 □ 안에 들어갈 수 있는 수의 합은 얼마인지 구해 보세요.

$$7.3\square 5 \div 1.4$$

( )

09 세 수 가, 나, 다가 다음을 만족할 때 가, 나, 다의 값은 각각 얼마인지 구해 보세요.

가×나=0.72
나×다=2.88
가×다=2.56

가 ( )
나 ( )
다 ( )

01 빈 곳에 알맞은 수를 써 넣으세요.

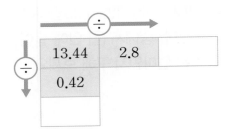

02 □ 안에 알맞은 수의 합을 구해 보세요.

$$8.4 \times \square = 45.36$$
$$8.88 \div \square = 3.7$$

(   )

03 길이가 144 cm인 줄을 4.8 cm씩 자르면 모두 몇 도막이 되는지 구해 보세요.

(   )

04 시장에서 파는 양배추의 가격입니다. 이 양배추의 1 kg의 가격은 얼마인지 구해 보세요.

(   )

05 몫의 소수 55째 자리 숫자를 구해 보세요.

$$103 \div 6.6$$

(   )

06 진수와 혜진이의 키의 차는 몇 m인지 구해 보세요.

우리 집 마당에는 높이가 9 m인 은행나무가 있어. 은행나무의 높이는 내 키의 6.25배야.

우리 집 마당에는 높이가 4.272 m인 소나무가 있어. 소나무의 높이는 내 키의 2.67배야.

진수   혜진

(   )

07 도영이네 집에 고양이, 강아지, 원숭이 한 마리씩 있습니다. 고양이의 무게는 3.42 kg, 강아지의 무게는 4.521 kg, 원숭이의 무게는 7.321 kg입니다. 원숭이의 무게는 고양이와 강아지의 무게 합의 몇 배인지 반올림하여 소수 둘째 자리까지 구해 보세요.

(   )

08 어떤 수를 10.8로 나누어야 할 것을 잘못하여 곱했더니 58.32가 되었습니다. 바르게 계산한 값은 얼마인지 구해 보세요.

(   )

09 민트맛 아이스크림은 0.75 kg에 12000원이고, 딸기맛 아이스크림은 0.65 kg에 13000원입니다. 민트맛 아이스크림과 딸기맛 아이스크림을 각각 1 kg씩 살 때 필요한 돈은 모두 얼마인지 구해 보세요.

(   )

10 석유 8 L가 들어 있는 통의 무게는 6.8 kg입니다. 이 통에서 석유 2.4 L를 사용하고 무게를 다시 재어 보니 5 kg이었습니다. 빈 통의 무게는 몇 kg인지 구해 보세요.

(   )

11 높이가 같은 평행사변형과 사다리꼴이 있습니다. 사다리꼴의 넓이는 평행사변형의 넓이의 몇 배인지 구해 보세요.

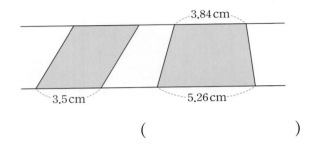

( )

12 2시간 48분 동안 12.88 km를 흐르는 강이 있습니다. 이 강을 1시간 30분 동안 64.35 km의 일정한 빠르기로 가는 배가 강이 흐르는 반대 방향으로 가고 있습니다. 이 배가 130.22 km를 가는 데 걸리는 시간은 몇 시간 몇 분인지 구해 보세요.

( )

13 그림을 보고 두 핸드폰을 100% 모두 충전했을 때, 사용할 수 있는 시간의 차이는 몇 분인지 구해 보세요.

( )

14 다음 그림과 같은 규칙으로 정사각형 ①, ②, ③, ……이 그려져 있습니다. ⑥번 정사각형의 넓이는 ④번 정사각형 넓이의 몇 배인지 구해 보세요.

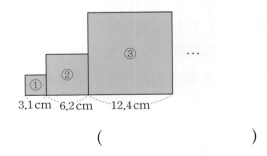

( )

3

공간과 입체

개념 알기

개념 1 쌓은 모양과 쌓기나무의 개수 (1)

(1) 쌓은 모양과 쌓기나무의 개수 알아보기

• 숨겨진 쌓기나무가 없는 쌓기나무 모양

위에서 본 모양

→ 쌓은 모양과 위에서 본 모양을 보면 똑같은 모양으로 쌓는 데 필요한 쌓기나무는 8개입니다.

• 숨겨진 쌓기나무가 있는 쌓기나무 모양

위에서 본 모양

→ 위에서 본 모양에서 보이지 않는 부분이 있습니다. 똑같은 모양으로 쌓는 데 필요한 쌓기나무는 10개 또는 11개입니다.

(2) 쌓은 모양을 보고 위, 앞, 옆에서 본 모양 그리기

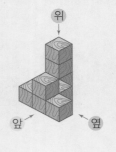

▪ 쌓기나무의 개수 알아보기
위에서 본 모양에서 1층에 쌓은 모양을 알 수 있습니다.
➡ 1층의 쌓기나무의 개수를 알 수 있습니다.

▪ 숨겨진 쌓기나무
뒤에서 본 쌓기나무로 쌓은 모양은
 또는 입니다.

▪ 위, 앞, 옆에서 본 모양 그리기
• 위에서 본 모양은 1층에 쌓은 모양과 같습니다.
• 앞과 옆에서 본 모양은 각 줄별로 가장 높은 층의 모양과 같습니다.

1 오른쪽 그림을 보고 ☐ 안에 알맞은 수를 써 넣으세요.

(1) 보이지 않는 쌓기나무가 ☐개 또는 ☐개 있을 수 있습니다.

(2) 똑같은 모양으로 쌓는 데 필요한 쌓기나무는 ☐개 또는 ☐개 입니다.

위에서 본 모양

2 쌓기나무로 쌓은 모양과 위에서 본 모양입니다. 앞과 옆에서 본 모양을 각각 그려 보세요.

 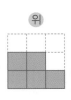

개념 응용하기

응용 1 진성이와 하신이가 쌓기나무로 만든 모양입니다. 쌓기나무를 위에서 본 모양이 다음과 같을 때 진성이와 하신이가 사용한 쌓기나무 수는 각각 몇 개인지 구해 보세요.

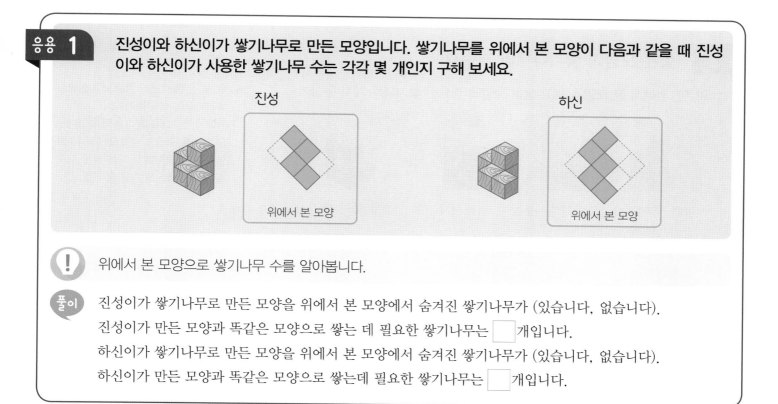

진성

위에서 본 모양

하신

위에서 본 모양

(!) 위에서 본 모양으로 쌓기나무 수를 알아봅니다.

풀이 진성이가 쌓기나무로 만든 모양을 위에서 본 모양에서 숨겨진 쌓기나무가 (있습니다, 없습니다).
진성이가 만든 모양과 똑같은 모양으로 쌓는 데 필요한 쌓기나무는 ☐ 개입니다.
하신이가 쌓기나무로 만든 모양을 위에서 본 모양에서 숨겨진 쌓기나무가 (있습니다, 없습니다).
하신이가 만든 모양과 똑같은 모양으로 쌓는데 필요한 쌓기나무는 ☐ 개입니다.

1 진수와 정현이가 쌓기나무로 각각 다음과 같은 모양을 만들었습니다. 주어진 모양과 똑같은 모양으로 쌓는 데 필요한 쌓기나무는 누가 몇 개 더 많은지 구해 보세요.

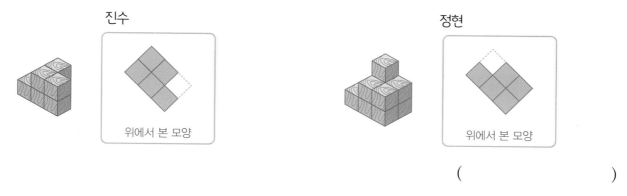

진수

위에서 본 모양

정현

위에서 본 모양

( )

2 앞에서 본 모양이 다른 하나를 찾아 기호를 써 보세요.

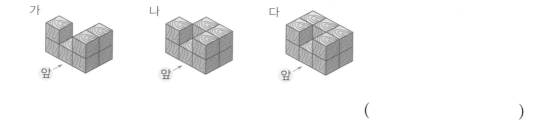

가

앞

나

앞

다

앞

( )

개념 알기

개념 2 쌓은 모양과 쌓기나무의 개수 (2)

(1) 위, 앞, 옆에서 본 모양을 보고 쌓은 모양과 필요한 쌓기나무 개수 구하기

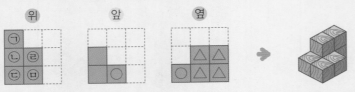

- 앞과 옆에서 본 모양의 ○ 부분에 의해서 ㉢, ㉣, ㉤에 쌓인 쌓기나무는 각각 1개씩입니다.
- 옆에서 본 모양의 △ 부분에 의해서 ㉠, ㉡에 쌓인 쌓기나무는 각각 2개 씩입니다.
- 필요한 쌓기나무는 $2+2+1+1+1=7$(개)입니다.

(2) 위에서 본 모양에 수를 써서 쌓기나무의 개수 알아보기

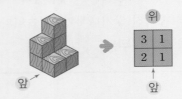

- 위에서 본 모양에 수를 쓰는 방법으로 쌓기나무를 쌓으면 쌓은 모양을 정확하게 알 수 있습니다.

▶ 위, 앞, 옆에서 본 모양을 보고 필요한 쌓기나무의 수 구하기
위에서 본 모양으로 1층의 쌓기나무의 개수를 구하고 앞과 옆에서 본 모양으로 각 방향에서 가장 높은 층수를 구하여 쌓은 모양을 알아봅니다.

▶ 위에서 본 모양에 수를 써서 나타내기
똑같은 모양으로 쌓는 데 필요한 쌓기나무의 개수는 위에서 본 모양에 쓰인 수를 모두 더하여 구합니다.

---

1 오른쪽은 쌓기나무로 쌓은 모양을 위, 앞, 옆에서 본 모양입니다. 어느 모양인지 기호를 써 보세요.

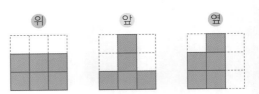

가   나

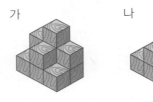

(   )

2 쌓기나무로 쌓은 모양을 보고 위에서 본 모양에 수를 써 넣으세요.

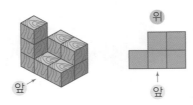

개념 응용하기

응용 2 쌀기나무로 쌓은 모양을 위, 앞, 옆에서 본 모양입니다. 똑같은 모양으로 쌓는 데 필요한 쌀기나무는 몇 개인지 구해 보세요.

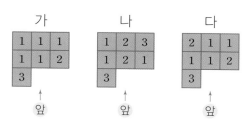

(!) 앞에서 본 모양과 옆에서 본 모양을 이용하여 위에서 본 모양에 각 자리의 쌀기나무 수를 적어서 구합니다.

(풀이) 앞에서 본 모양에 의해서 ㉠, ㉡, ㉢에 쌓인 쌀기나무는 각각 ☐ 개씩입니다.

옆에서 본 모양에 의해서 ㉢에 쌓인 쌀기나무는 ☐ 개, ㉣에 쌓인 쌀기나무는 ☐ 개입니다.

따라서 똑같은 모양으로 쌓는 데 필요한 쌀기나무는 ☐ 개입니다.

---

1 오른쪽은 쌀기나무로 쌓은 모양을 위, 앞, 옆에서 본 모양입니다.
가능한 모양을 찾아 기호를 써 보세요.

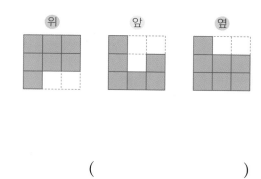

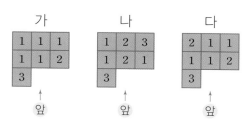

(   )

2 쌀기나무로 쌓은 모양을 위, 앞, 옆에서 본 모양입니다. 똑같은 모양으로 쌓는 데 필요한 쌀기나무는 몇 개인지 구해 보세요.

(   )

3 쌀기나무로 쌓은 모양을 보고 위에서 본 모양에 수를 썼습니다. 앞과 옆에서 본 모양을 각각 그려 보세요.

개념 알기

개념 3 · 쌓은 모양과 쌓기나무의 개수 (3)

(1) 쌓기나무로 쌓은 모양을 보고 층별로 나타내기

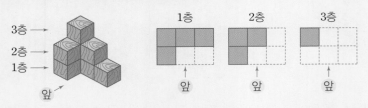

(2) **층별로 쌓은 모양을 보고 쌓은 모양과 쌓기나무의 개수 알아보기**

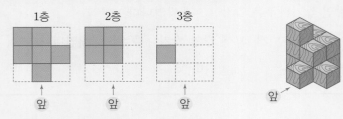

쌓기나무 개수는 11개입니다.

(3) 쌓기나무 4개로 만들 수 있는 서로 다른 모양 만들기

쌓기나무 4개로 만들 수 있는 모양은 8가지입니다.

- **층별로 그릴 때 주의점**
  위에서 본 모양에서 같은 위치에 있는 층은 같은 위치에 그림을 그려야 하므로 3층을 과 같이 그리지 않도록 주의합니다.

- **층별로 나타낸 모양**
  쌓기나무로 쌓은 모양을 층별로 나타낸 모양을 보고 쌓기나무로 쌓은 모양을 알 수 있고, 위, 앞, 옆에서 본 모양도 알 수 있습니다.

- **여러 가지 모양 만들기**
  쌓기나무 4개로 만들 수 있는 모양은 쌓기나무 3개로 만들 수 있는 모양에 쌓기나무 1개를 붙여가며 만들면 빠뜨리지 않고 찾을 수 있습니다.

---

1 오른쪽은 쌓기나무로 쌓은 모양을 층별로 나타낸 모양입니다. 똑같은 모양으로 쌓는 데 필요한 쌓기나무는 몇 개인지 구해 보세요.

(   )

2 모양에 쌓기나무를 더 붙여서 다음과 같은 모양을 만들려고 합니다. 더 필요한 쌓기나무는 몇 개인지 구해 보세요.

(1)

(   )

(2)

(   )

개념 응용하기

응용 3 쌓기나무로 쌓은 모양을 층별로 나타낸 모양을 보고 위에서 본 모양에 수를 쓰는 방법으로 나타내고 똑같은 모양으로 쌓는 데 필요한 쌓기나무의 개수를 구해 보세요.

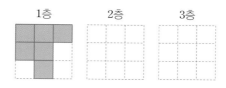

1층   2층   3층

(!) 층별로 쌓은 모양을 보고 필요한 쌓기나무 수를 구합니다.

풀이 위에서 본 모양에 수를 쓰면 오른쪽과 같습니다.

1층은 ☐ 개, 2층은 ☐ 개, 3층은 ☐ 개이므로 똑같은 모양으로 쌓는 데 필요한 쌓기나무는

☐ 개입니다.

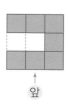
위
↑
앞

1 쌓기나무로 쌓은 모양과 1층 모양을 보고 2층과 3층을 그려 보세요.

1층   2층   3층

2 쌓기나무로 1층 위에 2층을 쌓으려고 합니다. 오른쪽 1층 모양을 보고 쌓을 수 있는 2층 모양을 찾아 기호를 써 보세요.

↑
앞

가   나   다   라   (   )

3 다음 두 가지 모양을 사용하여 만들 수 있는 새로운 모양을 찾아 기호를 써 보세요.

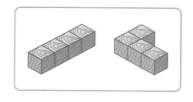

가   나   다

  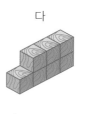

(   )

01 쌀기나무로 쌓은 모양입니다. 쌀기나무 한 개를 빼내어도 앞과 옆에서 본 모양이 변하지 않으려면 어느 것을 빼내야 하는지 기호를 써 보세요.

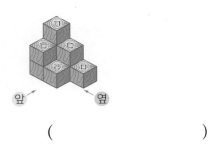

(   )

02 쌀기나무 10개로 쌓은 모양을 위와 앞에서 본 모양입니다. 옆에서 보았을 때 모양을 그려 보세요.

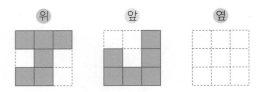

03 쌀기나무 17개로 쌓은 모양에서 그림과 같이 초록색 쌀기나무 3개를 빼냈을 때 위, 앞, 옆에서 본 모양을 각각 그려 보세요.

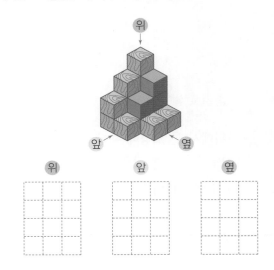

04 쌀기나무로 쌓은 모양과 위에서 본 모양입니다. 똑같은 모양으로 쌓는 데 필요한 쌀기나무는 몇 개인지 구해 보세요.

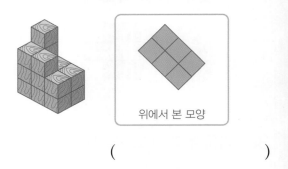

위에서 본 모양

(   )

05 왼쪽 정육면체 모양에서 쌓기나무 몇 개를 빼 냈더니 오른쪽과 같은 모양이 되었습니다. 빼 낸 쌓기나무의 개수를 구해 보세요.

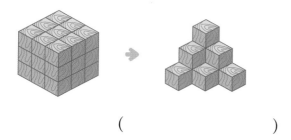

(   )

07 쌓기나무를 위, 앞, 옆에서 본 모양이 주어진 그림과 같도록 쌓기나무를 최소로 사용하여 쌓 았습니다. 쌓기나무는 몇 개인지 구해 보세요.

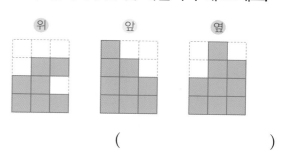

(   )

06 다음 그림과 같은 규칙으로 쌓기나무를 쌓고 있습니다. 1층부터 9층까지 쌓는 데 필요한 쌓 기나무는 총 몇 개인지 구해 보세요.

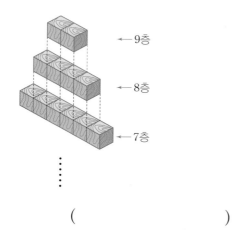

(   )

08 한 모서리의 길이가 1 cm인 쌓기나무로 쌓은 모양의 겉넓이는 몇 cm^{2}인지 구해 보세요.

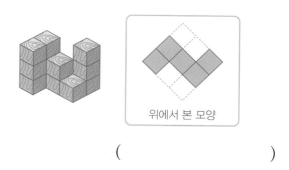

위에서 본 모양

(   )

01 쌓기나무로 쌓은 모양을 보고 위에서 본 모양에 수를 쓴 것입니다. 2층 이상에 쌓인 쌓기나무는 몇 개인지 구해 보세요.

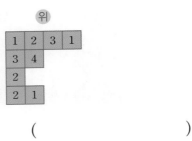

(   )

03 다음은 쌓기나무를 쌓은 모양을 위, 앞, 옆에서 본 모양입니다. 똑같은 모양으로 쌓는 데 필요한 쌓기나무는 몇 개인지 구해 보세요.

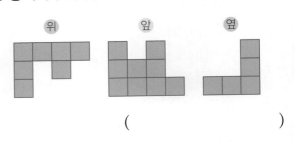

(   )

02 다음과 같이 쌓기나무 8개를 쌓은 모양을 시계 방향으로 90° 돌렸을 때 위, 앞, 옆에서 본 모양을 그려 보세요.

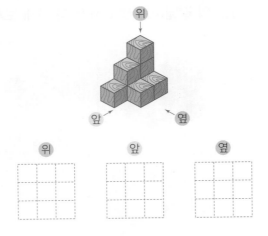

04 다음의 조건에 맞게 쌓기나무를 쌓는 방법이 몇 가지인지 구해 보세요. (단, 돌리거나 뒤집어서 같은 모양은 한 가지로 생각합니다.)

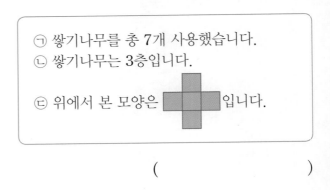

㉠ 쌓기나무를 총 7개 사용했습니다.
㉡ 쌓기나무는 3층입니다.

㉢ 위에서 본 모양은 ➕ 입니다.

(   )

05 다음은 색깔 쌓기나무 4가지를 쌓아 만든 입체 도형을 위, 앞에서 본 모양입니다. 옆에서 본 모양을 그려 보세요.

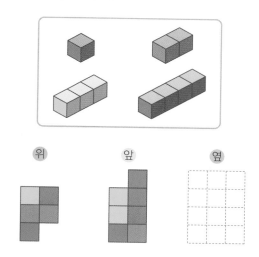

06 쌓기나무로 쌓은 모양을 층별로 나타낸 모양입니다. 쌓기나무 200개로 주어진 모양과 똑같은 모양을 몇 개까지 만들 수 있는지 구해 보세요.

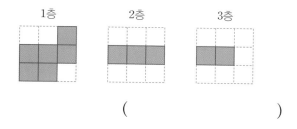

(   )

07 쌓기나무로 쌓은 모양을 위, 앞, 옆에서 본 모양입니다. 쌓기나무를 더 쌓아 가장 작은 정육면체를 만들려고 합니다. 더 필요한 쌓기나무는 몇 개인지 구해 보세요.

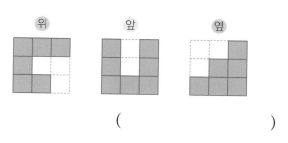

(   )

08 한 모서리가 4 cm인 쌓기나무를 다음 규칙과 같이 5층까지 쌓고 페인트칠을 하였습니다. 페인트가 칠해진 넓이는 몇 cm²인지 구해 보세요. (단, 바닥 면에도 색칠합니다.)

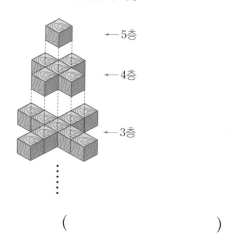

(   )

01 다음은 쌓기나무로 쌓은 모양을 보고 위에서 본 모양에 수를 써넣은 것입니다. 쌓은 모양을 앞에서 보았을 때와 옆에서 보았을 때 보이는 쌓기나무 수의 차는 몇 개인지 구해 보세요.

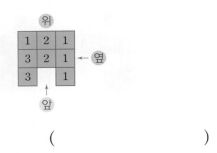

(   )

02 쌓기나무로 쌓은 모양을 위, 앞, 옆에서 본 모양입니다. 쌓기나무가 가장 많을 때와 가장 적을 때 쌓기나무의 개수는 각각 몇 개인지 구해 보세요.

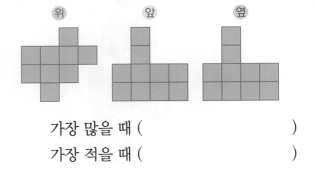

가장 많을 때 (   )

가장 적을 때 (   )

03 다음 쌓기나무를 시계 반대 방향으로 90°씩 돌리려고 합니다. 이와 같은 방법으로 19번 돌렸을 때의 앞에서 본 모양을 그려 보세요.

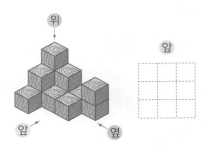

04 위와 앞에서 본 모양이 다음과 같도록 쌓기나무를 최대한 많이 사용하여 쌓았습니다. 이 모양을 옆에서 보았을 때의 모양을 그려 보세요.

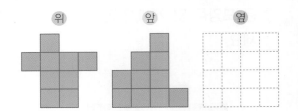

05 다음 쌓기나무에 색칠되어 있는 부분은 반대측까지 일직선 방향으로 색칠되어 있습니다. 색칠된 쌓기나무는 몇 개인지 구해 보세요.

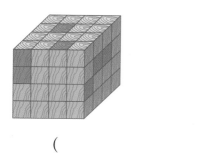

( )

07 한 모서리의 길이가 10 cm인 정육면체 50개를 위에서 본 모양이 다음 그림과 같도록 쌓으려고 합니다. 쌓은 입체도형의 겉넓이가 가장 작을 때의 겉넓이를 구해 보세요.

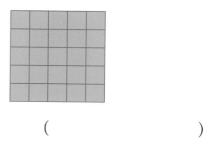

( )

06 위, 앞, 옆에서 본 모양이 그림과 같을 때, 만들 수 있는 모양은 총 몇 가지인지 구해 보세요. (단, 돌려서 같은 모양은 한 가지로 생각합니다.)

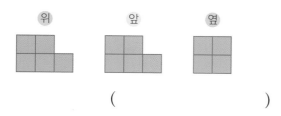

( )

08 투명한 쌓기나무와 색이 있는 쌓기나무를 총 12개 사용하여 2층인 직육면체 모양을 만들었습니다. 이 직육면체를 위, 앞에서 본 모양이 다음과 같다고 할 때 옆에서 본 모양을 그려 보세요.

01 쌓기나무로 쌓은 모양을 보고 그림과 같이 위에서 본 모양에 수를 썼습니다. 가와 나의 2층에 있는 쌓기나무는 모두 몇 개인지 구해 보세요.

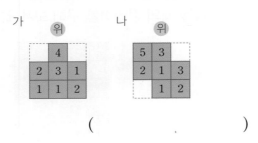

( )

02 쌓기나무를 이용하여 오른쪽과 같은 1층 위에 2, 3, 4, 5층을 쌓으려고 합니다. 2, 3, 4, 5층에 알맞은 그림을 찾아 기호를 써 보세요.

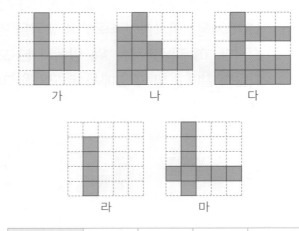

층	2층	3층	4층	5층
기호				

03 쌓기나무 4개로 만든 모양에 쌓기나무 1개를 더 쌓아서 만들 수 있는 모양은 모두 몇 가지인지 구해 보세요. (단, 뒤집거나 돌렸을 때 같은 모양은 한 가지로 생각합니다.)

( )

04 다음은 쌓기나무 8개를 쌓아 만든 입체도형입니다. 이 도형이의 겉넓이가 120 cm²일 때 부피는 몇 cm³인지 구해 보세요.

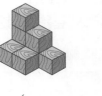

( )

05 한 모서리가 1 cm인 쌓기나무 10개를 쌓아 만든 입체도형입니다. 쌓기나무 2개를 더 쌓을 경우, 겉넓이가 가장 작은 경우와 가장 큰 경우를 각각 구해 보세요.

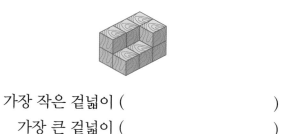

가장 작은 겉넓이 (   )

가장 큰 겉넓이 (   )

06 쌓기나무 64개를 정육면체 모양으로 쌓기나무의 바깥쪽 면에 페인트를 칠하였습니다. 한 면이 색칠된 쌓기나무는 몇 개인지 구해 보세요.

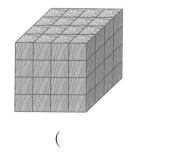

(   )

07 위에서 본 쌓기나무의 개수를 다음의 규칙에 따라 나타낸 것입니다. 열 번째 올 쌓기나무의 총 개수는 몇 개인지 구해 보세요.

첫 번째			두 번째			세 번째			네 번째		
1	2	3	3	5	7	5	8	11	7	11	15
9			15			21			27		
6			12			18			24		

(   )

08 그림과 같이 큰 정육면체를 잘라 똑같은 크기의 작은 정육면체 125개를 만들었습니다. 작은 정육면체 전체의 겉넓이의 합은 큰 정육면체의 겉넓이의 몇 배인지 구해 보세요.

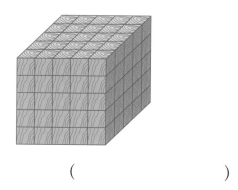

(   )

01 다음 쌓기나무를 보고 어느 방향에서 본 것인지 골라 보세요.

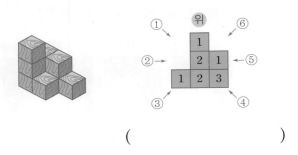

(　　　　　　　　　)

02 다음은 쌓기나무 15개로 쌓은 모양입니다. 빨간색 쌓기나무를 3개를 빼내었을 때 위, 앞, 옆에서 본 모양을 각각 그려 보세요.

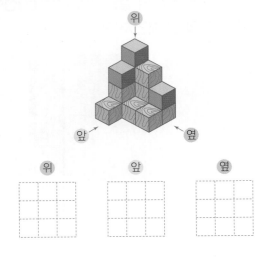

위	앞	옆

03 다음은 쌓기나무로 쌓은 모양을 보고 위에서 본 모양에 수를 써넣은 것입니다. 쌓은 모양을 옆에서 보았을 때 보이는 쌓기나무는 몇 개인지 구해 보세요.

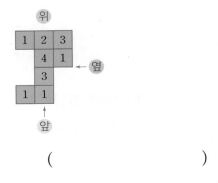

(　　　　　　　　　)

04 주어진 모양과 같이 쌓는 데 필요한 쌓기나무가 가장 적을 때와 가장 많은 때의 차는 몇 개인지 구해 보세요.

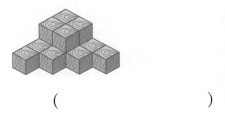

(　　　　　　　　　)

05 다음은 쌓기나무로 쌓은 모양과 위에서 본 모양입니다. 쌓은 모양에 쌓기나무를 더 쌓아 가장 작은 정육면체 모양을 만들려고 합니다. 쌓기나무는 몇 개 더 필요한지 구해 보세요.

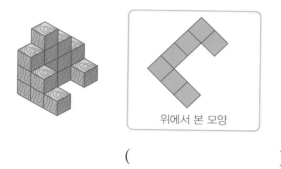

위에서 본 모양

(   )

07 쌓기나무로 쌓은 모양을 위, 앞, 옆에서 본 모양입니다. 똑같은 모양으로 쌓는 데 필요한 쌓기나무가 가장 많은 경우와 가장 적은 경우의 차는 몇 개인지 구해 보세요.

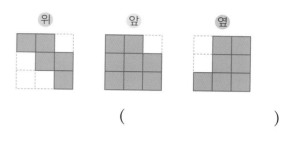

(   )   (   )

06 다음은 쌓기나무 8개를 이용하여 쌓은 모양을 위에서 본 모양입니다. 쌓기나무를 4층으로 쌓았다면 모두 몇 가지로 쌓을 수 있는지 구해 보세요.

(   )

08 한 모서리의 길이가 1 cm인 쌓기나무 20개를 사용해서 그림과 같이 쌓았습니다. 옆에서 보이는 면의 넓이는 몇 cm^2인지 구해 보세요.

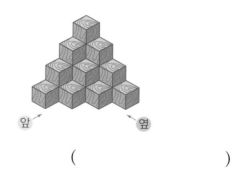

앞   옆

(   )

09 한 모서리가 2 cm인 정육면체를 몇 개 쌓아서 입체도형을 만들었습니다. 위, 앞, 옆에서 본 모양이 다음과 같다면 쌓기나무를 최소로 사용했을 때 이 입체도형의 부피는 몇 cm³인지 구해 보세요.

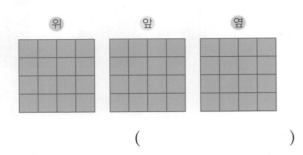

(   )

10 주어진 그림과 같이 정육면체 모양으로 쌓기나무 125개를 쌓고 바깥쪽 면을 페인트로 칠했습니다. 두 면에 페인트가 칠해진 쌓기나무 수와 세 면에 페인트가 칠해진 쌓기나무 수의 차는 몇 개인지 구해 보세요.

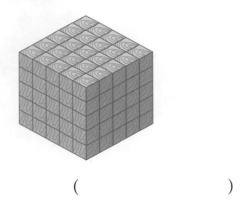

(   )

11 쌓기나무 13개로 쌓은 모양을 위, 앞, 옆에서 본 모양입니다. 쌓은 모양을 앞에서 보았을 때, 보이지 않는 쌓기나무는 몇 개인지 구해 보세요.

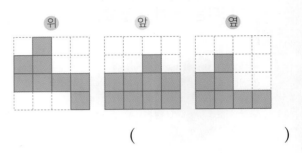

(   )

12 다음과 같은 규칙으로 쌓기나무를 10층까지 쌓았습니다. 어느 방향에서도 보이지 않는 쌓기나무는 모두 몇 개인지 구해 보세요. (단, 바닥에 닿는 면은 보이지 않는 면입니다.)

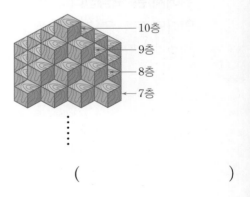

(   )

4

비례식과 비례배분

개념 알기

개념 1   비의 성질 / 간단한 자연수의 비로 나타내기

(1) 비의 성질 알아보기
- 비 3 : 5에서 3과 5를 비의 항이라 하고, 기호 ':' 앞에 있는 3을 전항, 뒤에 있는 5를 후항이라고 합니다.
- 비의 전항과 후항에 0이 아닌 같은 수를 곱하여도 비율은 같습니다.
- 비의 전항과 후항을 0이 아닌 같은 수로 나누어도 비율은 같습니다.

$$4 : 7 = 8 : 14 \qquad 12 : 32 = 3 : 8$$

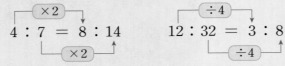

(2) 간단한 자연수의 비로 나타내기
- (소수) : (소수)는 각 항에 10, 100, 1000······을 곱합니다.
  예 $3.4 : 5.7 \Rightarrow (3.4 \times 10) : (5.7 \times 10) \Rightarrow 34 : 57$
- (분수) : (분수)는 두 분모의 공배수를 곱합니다.
  예 $\dfrac{1}{3} : \dfrac{1}{4} \Rightarrow \left(\dfrac{1}{3} \times 12\right) : \left(\dfrac{1}{4} \times 12\right) \Rightarrow 4 : 3$
- (자연수) : (자연수)는 각 항을 두 수의 공약수로 나눕니다.
  예 $16 : 24 \Rightarrow (16 \div 8) : (24 \div 8) \Rightarrow 2 : 3$

비의 성질을 이용하여 비율이 같은 비 알아보기
- 2 : 5와 4 : 10, 6 : 15의 비율은 $\dfrac{2}{5}$로 같습니다.

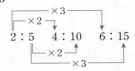

- 20 : 30과 10 : 15, 2 : 3의 비율은 $\dfrac{2}{3}$로 같습니다.

소수와 분수의 비
두 항이 소수 또는 분수가 되도록 고친 다음 간단한 자연수의 비로 나타냅니다.

1 후항이 12인 비가 있습니다. 비율이 $1\dfrac{2}{3}$일 때 전항은 얼마인지 구해 보세요.

(   )

2 주어진 비 중 비율이 다른 하나는 어느 것인지 기호를 써 보세요.

㉠ 2 : 7   ㉡ 8 : 28   ㉢ 6 : 14   ㉣ 10 : 35

(   )

3 주어진 비를 간단한 자연수의 비로 나타내면 ㉠ : ㉡일 때, ㉠과 ㉡의 합을 구해 보세요.

$$0.6 : \dfrac{5}{8}$$

(   )

응용 **1** 민혁이는 도화지에 가로와 세로의 비가 8 : 5인 직사각형을 그렸습니다. 직사각형의 가로가 48 cm 일 때 민혁이가 그린 직사각형의 넓이는 몇 cm²인지 구해 보세요.

⚠️ 비의 성질을 이용하여 직사각형의 세로의 길이를 구합니다.

풀이 8 : 5의 전항에 6을 곱하면 48이 되므로 후항에도 6을 곱합니다.

8 : 5 ➡ (8×6) : (5× ☐) ➡ 48 : ☐

민혁이가 그린 그린 직사각형의 세로는 ☐ cm입니다.

(직사각형의 넓이)＝(가로)×(세로)＝48× ☐ ＝ ☐ (cm²)

1 두 직사각형 가와 나의 넓이의 비를 간단한 자연수의 비로 나타내어 보세요.

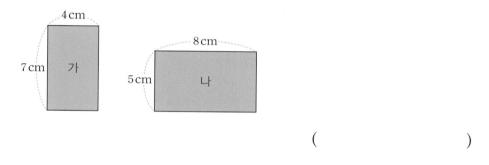

(   )

2 올해 삼촌의 나이는 35세이고 효빈이의 나이와 삼촌의 나이의 비는 2 : 7입니다. 5년 후 효빈이와 삼촌의 나이의 비를 간단한 자연수의 비로 나타내어 보세요.

(   )

3 똑같은 일을 하는 데 윤아는 4시간, 선우는 5시간이 걸렸습니다. 윤아와 선우가 한 시간 동안 일한 양의 비를 간단한 자연수의 비로 나타내어 보세요.

(   )

개념 2 비례식과 비례식의 성질 알아보기 / 비례식 활용하기

(1) 비례식

• 비례식 : 비율이 같은 두 비를 기호 '='를 사용하여 나타낸 식

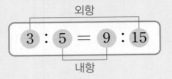

외항

$$3 : 5 = 9 : 15$$

내항

• 외항 : 바깥쪽에 있는 두 항 3과 15
• 내항 : 안쪽에 있는 두 항 5와 9

(2) 비례식의 성질

• 비례식에서 외항의 곱과 내항의 곱은 같습니다.

외항의 곱: 7×8=56

$$7 : 4 = 14 : 8$$

내항의 곱: 4×14=56

(3) 비례식 활용하기

① 먼저 구하려고 하는 것을 찾습니다.
② 구하려고 하는 것을 □라 놓습니다.
③ □를 이용하여 조건에 맞게 비례식을 세웁니다.
④ 비례식의 성질을 이용하여 문제를 해결합니다.

■ 비의 성질을 이용하여 비례식 만들기
① 전항과 후항에 0이 아닌 같은 수를 곱하여 비례식을 만들 수 있습니다.

$$7 : 2 = 21 : 6$$ (×3, ×3)

② 전항과 후항을 0이 아닌 같은 수로 나누어 비례식을 만들 수 있습니다.

$$24 : 32 = 3 : 4$$ (÷8, ÷8)

■ 비례식 세우기
비례식은 비율이 같은 두 비를 등호를 사용하여 나타낸 식이므로 비례식으로 나타낼 때에는 비의 순서를 같게 해 주어야 합니다.

---

1 비례식인 것을 모두 찾아 기호를 써 보세요.

㉠ 4 : 5 = 8 : 10   ㉡ 3 : 5 = 9 : 20
㉢ 2 : 15 = 6 : 30   ㉣ 1 : 7 = 9 : 63

( )

2 ㉮와 ㉯에 들어갈 수의 곱을 구해 보세요.

㉮ : 13 = 28 : 52
45 : 63 = ㉯ : 7

( )

3 바닷물 5 L를 증발시켜 110 g의 소금을 얻었습니다. 바닷물 20 L를 증발시키면 얻을 수 있는 소금은 몇 g인지 구해 보세요.

( )

정답과 풀이 **28**쪽

개념 **응용하기**

응용 2 조건에 맞게 비례식을 완성할 때, ㉠, ㉡, ㉢에 알맞은 수를 각각 구해 보세요.

> • 비율은 $\dfrac{3}{4}$입니다.
> • 내항의 곱은 144입니다.

$$6 : ㉠ = ㉡ : ㉢$$

(!) ● : ■의 비율은 $\dfrac{●}{■}$이고, 비례식에서 외항의 곱과 내항의 곱은 같습니다.

풀이 $6 : ㉠$의 비율이 $\dfrac{3}{4}$이므로 $\dfrac{6}{㉠} = \dfrac{3}{4}$에서 ㉠=☐입니다.

$6 : ☐ = ㉡ : ㉢$에서 내항의 곱이 144이므로 ☐×㉡=144, ㉡=☐입니다.

외항의 곱도 144이므로 $6 × ㉢ = 144$, ㉢=☐입니다.

1 비례식에서 외항의 곱이 300일 때 ㉮와 ㉯의 합은 얼마인지 구해 보세요.

$$㉮ : 20 = ㉯ : 50$$

(   )

2 비례식에서 ☐ 안에 알맞은 수를 구해 보세요.

$$7 : 12 = 28 : (☐ - 9)$$

(   )

3 성현이는 설탕물 6 L를 만들었고, 민정는 설탕물 11 L를 만들었습니다. 두 사람이 만든 설탕물의 진하기는 같고 성현이의 설탕물에 녹아 있는 설탕이 150 g일 때 민정이가 만든 설탕물에 녹아 있는 설탕은 몇 g인지 구해 보세요.

(   )

개념 알기

개념 3 비례배분 알아보기

(1) 비례배분

- 비례배분 : 전체를 주어진 비로 배분하는 것

전체 ■를 ㉮ : ㉯=● : ▲로 비례배분하기

$$㉮=■ \times \frac{●}{●+▲} \ , \ ㉯=■ \times \frac{▲}{●+▲}$$

(2) 비례배분을 이용하여 문제 해결하기

10000원을 형과 동생이 3 : 2로 나누어 가지면 각각 얼마씩 가지게 됩니까?

- 형 : $10000 \times \dfrac{3}{(3+2)}=10000 \times \dfrac{3}{5}=6000$(원)

- 동생 : $10000 \times \dfrac{2}{(3+2)}=10000 \times \dfrac{2}{5}=4000$(원)

➡ 형은 6000원, 동생은 4000원을 가지면 됩니다.

▶ 소수나 분수로 나타낸 비로 비례배분하기
간단한 자연수의 비로 나타낸 다음 비례배분하는 것이 편리합니다.

▶ 비례배분한 값이 옳은지 확인하기
① 비례배분한 수의 합이 전체의 수와 같은지 확인합니다.
➡ 6000원＋4000원
＝10000원
② 비례배분한 수의 비가 주어진 비와 같은 비례식이 되는지 확인합니다.
➡ 6000 : 4000＝3 : 2

1 다음 수를 3 : 5로 비례배분해 보세요.

64

(,   )

2 감자 65개를 빨간색 바구니와 파란색 바구니에 8 : 5로 나누어 담으려고 합니다. 빨간색 바구니와 파란색 바구니에 감자를 각각 몇 개씩 담아야 하는지 구해 보세요.

빨간색 바구니 (   )

파란색 바구니 (   )

3 길이가 480 cm인 끈을 5 : 7로 나누었습니다. 나눈 끈의 길이의 차는 몇 cm인지 구해 보세요.

(   )

개념 응용하기

응용 3 길이가 154 cm인 끈을 사용하여 가로와 세로의 비가 4 : 3인 가장 큰 직사각형 모양을 만들려고 합니다. 만든 직사각형의 넓이는 몇 cm^2인지 구해 보세요.

(!) 직사각형의 둘레는 {(가로)+(세로)} × 2입니다.

풀이 직사각형의 둘레가 154 cm이므로

(가로)+(세로)=154÷2= ☐ (cm)입니다.

가로와 세로의 비가 4 : 3이므로

(가로)= ☐ $\times \dfrac{4}{4+3}$ = ☐ (cm)

(세로)= ☐ $\times \dfrac{3}{4+3}$ = ☐ (cm)

(직사각형의 넓이)=(가로)×(세로)= ☐ × ☐ = ☐ (cm^2)

---

1 어머니의 생신 선물을 사려고 종호와 지현이가 7 : 9의 비로 돈을 모았습니다. 두 사람이 모은 돈이 32000원이라고 할 때 두 사람이 모은 금액의 차는 얼마인지 구해 보세요.

(   )

2 가로가 12 cm, 세로가 8 cm인 직사각형 모양의 초콜릿을 넓이가 5 : 11이 되도록 나누었습니다. 나누어진 두 개의 초콜릿 중 더 작은 초콜릿의 넓이는 몇 cm^2인지 구해 보세요.

(   )

3 밤 57개를 민주와 성호가 1.5 : $1\dfrac{2}{3}$로 나누어 가지려고 합니다. 민주는 밤을 몇 개 가지게 되는지 구해 보세요.

(   )

01 4 : 9와 비율이 같은 비 중에서 전항과 후항의 차가 35인 자연수의 비를 구해 보세요.

(   )

02 주어진 비를 간단한 자연수의 비로 나타내면 ㉠ : ㉡일 때 ㉠과 ㉡의 차는 얼마인지 구해 보세요.

$$2\frac{3}{8} : 3.5$$

(   )

03 미진이는 색종이 138장을 성동이와 나누어 가지려고 합니다. 미진이가 14장 더 많이 가질 때 미진이와 성동이가 가지게 되는 색종이 수의 비를 간단한 자연수의 비로 나타내어 보세요.

(   )

04 맞물려 돌아가는 두 톱니바퀴가 있습니다. 톱니바퀴 ㉮가 7바퀴 도는 동안에 톱니바퀴 ㉯는 12바퀴 돕니다. 톱니바퀴 ㉯가 36바퀴 도는 동안에 톱니바퀴 ㉮는 몇 바퀴 돌게 되는지 구해 보세요.

(   )

05 경준이네 과수원의 사과나무에 달린 사과 전체의 30%가 태풍에 떨어졌습니다. 떨어지지 않은 사과가 343개일 때 떨어지기 전 사과나무에 달려 있던 사과는 모두 몇 개인지 구해 보세요.

(   )

06 어느 날 낮의 길이와 밤의 길이의 비가 4.5 : 7.5입니다. 이 날의 밤의 길이는 몇 시간 인지 구해 보세요.

( )

07 길이가 72 cm인 철사를 3 : 1의 비로 나누었습니다. 나눈 철사 중 긴 것으로 가장 큰 정삼각형을 한 개 만들었을 때 만든 정삼각형의 한 변의 길이는 몇 cm인지 구해 보세요.

( )

08 정호네 학교 6학년 남학생과 여학생 수의 비는 9 : 7입니다. 남학생 몇 명이 전학을 가서 6학년 전체 학생 수는 350명이 되었고, 남학생과 여학생 수의 비는 14 : 11이 되었습니다. 남학생이 전학 가기 전의 6학년 학생 수는 몇 명인지 구해 보세요.

( )

09 그림과 같은 사다리꼴 모양의 밭에 배추와 무를 $1.4 : \dfrac{4}{5}$의 비로 심으려고 합니다. 무를 심을 부분의 넓이는 몇 m^2인지 구해 보세요.

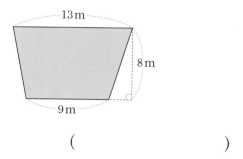

( )

01 상자에 들어 있는 사과와 배의 수의 비는 5 : 4 이고 사과가 배보다 7개 더 많습니다. 상자에 들어 있는 사과는 몇 개인지 구해 보세요.

( )

02 효빈이와 민혁이는 꿀물을 만들었습니다. 두 꿀물의 진하기를 비교하여 더 진한 사람의 이름을 써 보세요.

> 효빈 : 나는 꿀 0.3 L, 물 0.85 L를 넣었어.
>
> 민혁 : 나는 이 컵으로 꿀 $\frac{1}{4}$컵, 물 $\frac{4}{5}$컵을 넣었어.

( )

03 직사각형 가와 삼각형 나가 그림과 같이 겹쳐져 있습니다. 겹쳐진 부분의 넓이는 가의 $\frac{3}{8}$이고 나의 $\frac{1}{3}$입니다. 가의 넓이가 48 cm²라면 나의 넓이는 몇 cm²인지 구해 보세요.

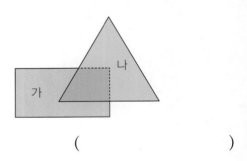

( )

04 5명이 6일 동안 일을 하고 받은 돈은 모두 72만 원입니다. 한 명이 36만 원을 받으려면 며칠 동안 일을 해야 하는지 구해 보세요. (단, 한 명이 하루에 일을 하고 받는 돈은 모두 같습니다.)

( )

05 4시간에 32초씩 늦어지는 시계가 있습니다. 이 시계를 어느 날 오전 10시 정각에 정확하게 맞추어 놓았습니다. 다음날 오후 10시에 이 시계가 가리키는 시각은 몇 시 몇 분 몇 초인지 구해 보세요.

( )

06 지원이와 준호는 퀴즈 대회에서 같은 수의 문제를 모두 풀었습니다. 지원이와 준호가 맞힌 문제 수의 비는 4 : 7이고, 틀린 문제 수의 비는 4 : 1입니다. 지원이가 20문제를 맞혔을 때, 준호가 틀린 문제는 몇 문제인지 구해 보세요.

( )

07 사과와 배를 합하여 75개를 사고 297500원 냈습니다. 사과와 배의 개수의 비는 8 : 7이고, 1개 가격의 비는 9 : 14라고 합니다. 사과 1개와 배 1개의 가격은 각각 얼마인지 구해 보세요.

사과 ( )

배 ( )

08 태현이와 지은이의 용돈의 비는 $2\frac{3}{4}$: 2.5입니다. 지은이의 한 달 용돈이 24000원이라면 태현이와 지은이의 한 달 용돈의 차는 얼마인지 구해 보세요.

( )

09 평행사변형을 두 개의 사다리꼴 가와 나로 나누었습니다. 가와 나의 넓이의 비가 11 : 9일 때, ㉠의 길이는 몇 cm인지 구해 보세요.

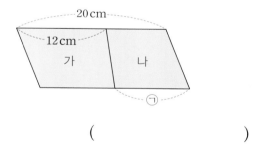

( )

01 ㉮와 ㉯의 곱이 200보다 작은 12의 배수일 때 비례식에서 □ 안에 들어갈 수 있는 가장 큰 자연수를 구해 보세요.

$$㉮ : □ = 5 : ㉯$$

(   )

02 조건을 만족하는 어떤 두 수를 구해 보세요.

─● 조건 ●─
• 어떤 두 수의 비 ➡ 5 : 8
• 어떤 두 수의 곱 ➡ 1960

(,   )

03 두 상품 ㉮와 ㉯가 있습니다. ㉮ 상품을 정가의 20%만큼 인상한 금액과 ㉯ 상품을 정가의 15%만큼 할인한 금액이 같다고 합니다. ㉮ 상품과 ㉯ 상품의 정가의 비를 간단한 자연수의 비로 나타내어 보세요.

(   )

04 ㉠ : ㉡ = 13 : 12, ㉠ : ㉢ = 13 : 5입니다. 가장 짧은 변의 길이가 20 cm일 때 삼각형의 둘레는 몇 cm인지 구해 보세요.

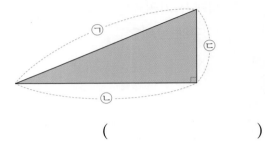

(   )

05 다음 수직선에서 점 ㄷ은 선분 ㄱㄴ을 4 : 3으로 나눈 점이고, 점 ㄹ은 선분 ㄱㄴ을 16 : 5로 나눈 점입니다. 선분 ㄷㄹ의 길이가 8 cm일 때 선분 ㄱㄴ의 길이는 몇 cm인지 구해 보세요.

(   )

06 원과 정사각형이 그림과 같이 겹쳐져 있습니다. 원과 정사각형의 넓이의 비는 21 : 16이고 겹쳐진 부분의 넓이는 원의 넓이의 $\frac{4}{7}$입니다. 겹쳐진 부분의 넓이는 정사각형의 넓이의 몇 분의 몇인지 구해 보세요.

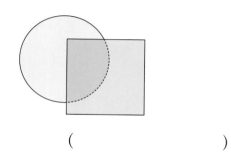

(   )

07 다음은 서빈이 마을을 간단하게 나타낸 지도입니다. 이 지도는 50000 cm를 1 cm로 나타낸 것입니다. 집에서 놀이터를 거쳐 학교까지의 거리와 집에서 도서관을 거쳐 학교까지의 거리 중 어떤 곳을 거치는 것이 실제 거리로 몇 km 더 짧은지 구해 보세요.

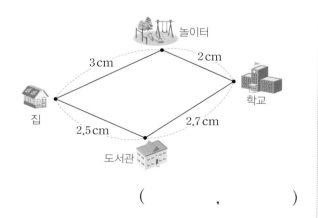

(,   )

08 올해 시온이와 이모의 나이의 비는 1 : 3이고, 시온이와 이모의 나이의 합은 52살입니다. 시온이와 이모의 나이의 비가 1 : 2가 되는 해는 몇 년 후인지 구해 보세요.

(   )

09 ㉮ 회사는 200만 원, ㉯ 회사는 150만 원을 투자하여 70만 원의 이익금을 얻었습니다. 얻은 이익금을 투자한 금액의 비로 나누어 가진 다음, 같은 비율로 다시 투자를 하려고 합니다. 다시 투자했을 때 ㉮ 회사가 받을 수 있는 이익금이 100만 원이 되려면 ㉮ 회사는 얼마를 다시 투자해야 하는지 구해 보세요. (단, 투자한 금액에 대한 이익금의 비율은 항상 일정합니다.)

(   )

01 민혁이의 지난 달 국어 점수와 수학 점수의 평균은 79점입니다. 이번 달 시험에서 국어 점수는 지난 달과 같고, 수학 점수는 지난 달보다 7점이 올랐습니다. 이번 달 수학 점수와 국어 점수의 비가 6 : 5일 때, 민혁이의 이번 달 수학 점수는 몇 점인지 구해 보세요.

(   )

02 삼각형 ㄱㄴㄷ에서 선분 ㄴㄹ과 선분 ㄹㄷ의 길이의 비는 6 : 11입니다. 삼각형 ㄱㄴㄹ의 넓이가 138 cm²일 때 삼각형 ㄱㄴㄷ의 넓이는 몇 cm²인지 구해 보세요.

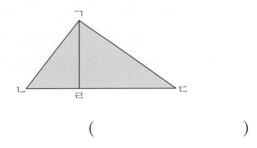

(   )

03 둘레가 같은 직사각형 모양의 텃밭 ㉮와 ㉯가 있습니다. 텃밭 ㉮의 가로는 16 m, 세로는 12 m이고 텃밭 ㉯의 가로와 세로의 비는 5 : 2입니다. 민혁이네 가족이 일정한 빠르기로 텃밭 ㉯ 전체를 일구는 데 3시간이 걸렸다면 같은 빠르기로 텃밭 ㉮ 전체를 일구는 데 몇 시간 몇 분이 걸리는지 구해 보세요.

(   )

04 박물관에 입장한 어른과 어린이의 수의 비는 7 : 12이고, 어른 전체와 어린이 전체의 입장료의 비는 5 : 6입니다. 오늘 입장한 어른과 어린이의 수의 합이 380명이고 입장료의 합계가 616000원일 때, 어린이 한 명의 입장료는 얼마인지 구해 보세요.

(   )

05 민주네 학교 남학생 수와 여학생 수의 비는 4 : 3입니다. 안경을 낀 학생은 모두 120명이고 안경을 낀 남학생 수와 여학생 수의 비는 7 : 5입니다. 안경을 끼지 않은 남학생 수와 여학생 수의 비가 1 : 2일 때, 민주네 학교의 학생 수는 모두 몇 명인지 구해 보세요.

( )

06 일정한 빠르기로 달리는 기차가 있습니다. 이 기차가 길이가 280 m인 터널을 완전히 통과하는 데 12초가 걸리고, 길이가 840 m인 터널을 완전히 통과하는 데 26초가 걸린다고 합니다. 이 기차의 길이는 몇 m인지 구해 보세요.

( )

07 민주의 돼지 저금통에 있는 동전을 세어 보니 100원짜리 동전과 500원짜리 동전을 합하여 모두 340개가 있습니다. 100원짜리 동전의 금액의 합과 500원짜리 금액의 합의 비가 3 : 2일 때, 500원짜리 동전의 개수를 구해 보세요.

( )

08 서현이의 시계는 3시간에 4분씩 늦어지고 찬규의 시계는 2시간에 1분씩 빨라집니다. 어느 날 오후 서현이의 시계는 9시 24분을 가리키고 찬규의 시계는 9시 정각을 가리켰습니다. 다음 날 오전 찬규의 시계가 정각 8시를 가리키고 있을 때 서현이의 시계는 몇 시 몇 분을 가리키고 있는지 구해 보세요.

( )

01 다음 조건을 모두 만족하는 비 ㉮ : ㉯ 중에서 후항이 가장 큰 비를 구해 보세요.

> ● 조건 ●
> • 15 : 25와 비율이 같습니다.
> • ㉮와 ㉯는 자연수입니다.
> • 전항과 후항의 곱이 200 미만입니다.

(   )

02 ㉠을 ㉡으로 나누었더니 3.2가 되었습니다. ㉠과 ㉡의 비를 간단한 자연수의 비로 나타내어 보세요.

(   )

03 ㉠과 ㉡의 곱이 150보다 작은 9의 배수일 때, □ 안에 들어갈 수 있는 가장 큰 수를 구해 보세요.

$$4 : ㉠ = ㉡ : \square$$

(   )

04 가, 나 2개의 막대를 연못에 수직으로 넣었더니 가는 전체의 $\frac{3}{5}$, 나는 전체의 $\frac{4}{7}$가 물에 잠겼습니다. 가와 나의 길이의 비를 간단한 자연수의 비로 나타내어 보세요.

(   )

05 민정이의 책가방의 무게는 $4\frac{1}{3}$ kg입니다. 세 사람의 책가방의 무게의 비가 다음과 같을 때 현수의 책가방의 무게는 몇 kg인지 구해 보세요.

> - 현수와 효빈이의 책가방의 무게의 비는 50 : 39입니다.
> - 효빈이와 민정이의 책가방의 무게의 비는 3 : 5입니다.

( )

06 맞물려 돌아가는 두 톱니바퀴가 있습니다. 톱니바퀴 ㉮의 톱니는 72개이고, 톱니바퀴 ㉯의 톱니는 104개입니다. 1분 동안 톱니바퀴 ㉮는 39바퀴 돈다면 톱니바퀴 ㉯는 몇 바퀴 도는지 구해 보세요.

( )

07 다음 등식에서 ㉮ : ㉯를 간단한 자연수의 비로 나타내어 보세요.

$$㉮ \times 4\frac{7}{12} = ㉯ \times 3\frac{8}{9}$$

( )

08 초콜릿과 사탕을 합하여 65개 사고 37100원을 냈습니다. 초콜릿과 사탕의 수의 비는 7 : 6이고, 초콜릿과 사탕의 1개 가격의 비는 5 : 3일 때, 초콜릿 1개의 가격은 얼마인지 구해 보세요.

( )

09 작년 지호네 학교 전체 학생 수는 672명이고 이 중 남학생은 전체의 $\dfrac{9}{16}$였습니다. 올해 여학생이 몇 명 전학을 와서 남학생과 여학생 수의 비가 14 : 13이 되었습니다. 올해 전학을 온 여학생은 몇 명인지 구해 보세요.

(   )

10 그림과 같이 정사각형을 4개의 직사각형으로 나누었습니다. 가와 나의 넓이의 비가 1 : 5, 가와 라의 넓이의 비가 2 : 5가 되었습니다. 나의 넓이가 80 cm²일 때, 다의 넓이는 몇 cm²인지 구해 보세요.

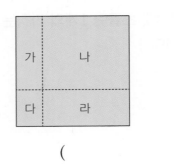

(   )

11 물건 ㉮의 정가에 15%를 더한 금액과 물건 ㉯의 정가에서 20%를 할인한 금액이 같다고 합니다. 물건 ㉮의 정가가 7200원일 때 물건 ㉯의 정가는 얼마인지 구해 보세요.

(   )

12 올해 성호의 아버지와 어머니의 연세의 합은 90세입니다. 몇 년 전 아버지가 올해의 어머니 연세였을 때, 어머니의 연세는 올해 아버지의 연세의 $\dfrac{3}{4}$이었습니다. 올해 아버지의 연세는 몇 세인지 구해 보세요.

(   )

5

원의 넓이

개념 알기

개념 1 원주와 원주율, 원주와 지름 구하기

(1) 원주

- 원주 : 원의 둘레의 길이
- 원주는 원의 지름의 3배보다 길고, 4배보다 짧습니다.

(2) 원주율

- 원주율 : 원의 지름에 대한 원주의 비율

$$(원주율) = (원주) \div (지름)$$

(3) 원주와 지름 구하기

- 지름을 알 때 원주율을 이용하여 원주 구하기

$$(원주) = (지름) \times (원주율) = (반지름) \times 2 \times (원주율)$$

- 원주를 알 때 원주율을 이용하여 지름 구하기

$$(지름) = (원주) \div (원주율)$$

▶ **원주율**
- 원주율은 3.141592……와 같이 끝을 알 수 없는 수이므로 초등학교에서는 어림하여 3, 3.1, 3.14 등으로 사용하고, 중학교부터는 π (파이)로 나타냅니다.
- 원주율은 원의 크기와 상관없이 일정합니다.

▶ **지름과 원주의 관계**
- 지름이 2배, 3배……가 될 때 원주도 2배, 3배……가 됩니다.
- 원주율은 일정하므로 지름이 커지면 원주도 커집니다.
- 큰 원일수록 원주가 크므로 지름도 큽니다.

---

1 원주율에 대한 설명으로 잘못된 것을 찾아 기호를 써 보세요.

> ㉠ 원의 지름에 대한 원주의 비율입니다.
> ㉡ 지름이 짧아지면 원주율도 작아집니다.
> ㉢ 원주율을 소수 셋째 자리에서 반올림하여 나타내면 **3.14**입니다.

( )

2 원의 원주를 구해 보세요. (원주율: 3.14)

(1)

( )

(2)

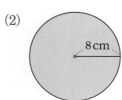

( )

개념 응용하기

응용 1　오른쪽 도형에서 큰 원의 지름은 14 cm입니다. 색칠한 부분의 둘레는 몇 cm인지 구해 보세요. (원주율: 3.14)

⟨!⟩ 도형의 곡선 부분과 직선 부분으로 나누어 생각하고 길이를 더합니다.

풀이　곡선 부분의 길이는 지름이 14 cm인 원의 원주와 지름이 7 cm인 원의 원주의 2배이므로

(곡선 부분의 길이)=□×3.14+□×3.14×2=□+□=□ (cm)

직선 부분의 길이는 큰 원의 지름의 2배이므로

(직선 부분의 길이)=□×2=□ (cm)

(색칠한 부분의 둘레)=(곡선 부분의 길이)+(직선 부분의 길이)=□+□=□ (cm)

1 큰 원의 원주는 몇 cm인지 구해 보세요. (원주율: 3.1)

(　　　　　　　　)

2 다음 중 가장 큰 원과 가장 작은 원의 반지름의 합은 몇 cm인지 구해 보세요. (원주율 : 3.14)

> ㉠ 반지름이 11 cm인 원
> ㉡ 지름이 24 cm인 원
> ㉢ 원주가 50.24 cm인 원

(　　　　　　　　)

3 반지름이 23 cm인 바퀴를 같은 방향으로 7바퀴 굴렸을 때 바퀴가 굴러간 거리는 몇 cm인지 구해 보세요. (원주율: 3.1)

(　　　　　　　　)

개념 알기

개념 2 원의 넓이 어림하기/원의 넓이 구하기

(1) 원의 넓이 어림하기

• 지름이 20 cm인 원의 넓이 어림하기

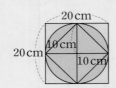

(원 안의 정사각형의 넓이)$=20 \times 20 \div 2$
$\qquad\qquad\qquad\qquad\qquad = 200 \ (cm^2)$
(원 밖의 정사각형의 넓이)$=20 \times 20$
$\qquad\qquad\qquad\qquad\qquad = 400 \ (cm^2)$

(원 안의 정사각형의 넓이)<(원의 넓이)<(원 밖의 정사각형의 넓이)

➡ $200 \ cm^2$<(원의 넓이)<$400 \ cm^2$

(2) 원의 넓이 구하는 방법

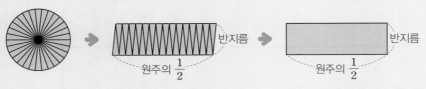

(원의 넓이)$=$(원주)$\times \dfrac{1}{2} \times$(반지름)$=$(원주율)$\times$(지름)$\times \dfrac{1}{2} \times$(반지름)

$\qquad\qquad = $(원주율)$\times$(반지름)$\times$(반지름)

▶ 원의 넓이 어림하기
• 원 안에 꼭 맞게 들어가는 마름모의 두 대각선의 길이는 각각 원의 지름과 같습니다.
• 원 밖에 있는 정사각형의 한 변의 길이는 정사각형 안에 꼭 맞게 들어가는 원의 지름과 같습니다.

▶ 반지름과 원의 넓이의 관계
• 반지름이 2배, 3배, 4배, ……가 되면 원의 넓이는 4배, 9배, 16배, ……가 됩니다.

1 정육각형의 넓이를 이용하여 원의 넓이를 어림하려고 합니다. 삼각형 ㄱㅇㄷ의 넓이가 24 cm², 삼각형 ㄹㅇㅂ의 넓이가 18 cm²라면 원의 넓이는 몇 cm²인지 어림해 보세요.

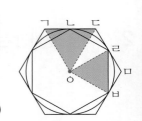

(   )

2 원의 넓이를 구해 보세요. (원주율: 3.14)

(1)

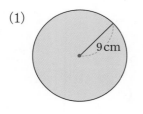

(   )

(2)

(   )

개념 **응용하기**

응용 2　주어진 색종이를 잘라 가장 큰 원을 만들었습니다. 원을 만들고 남은 종이는 몇 cm²인지 구해 보세요. (원주율: 3)

52 cm

42 cm

⚠ 만든 가장 큰 원의 지름은 직사각형의 가로와 세로 중 짧은 변의 길이와 같습니다.

풀이 만들 수 있는 가장 큰 원의 지름은 직사각형의 [　　]와 같습니다.

만든 가장 큰 원의 지름은 [　　] cm이므로 반지름은 [　　] cm입니다.

(만든 원의 넓이) = [　　] × [　　] × 3 = [　　] (cm²)

(처음 색종이의 넓이) = [　　] × [　　] = [　　] (cm²)

따라서 남은 색종이의 넓이는 [　　] − [　　] = [　　] (cm²)입니다.

---

1 두 원의 넓이의 차는 몇 cm²인지 구해 보세요. (원주율: 3.14)

┌─────────────────────────┐
│ ㉠ 지름이 14 cm인 원   │
│ ㉡ 반지름이 8 cm인 원   │
└─────────────────────────┘

(　　　　　　　　　　)

2 민상이는 지름의 길이가 32 cm인 피자를 8조각으로 나눈 것 중 5조각을 먹었습니다. 민상이가 먹고 남은 피자의 넓이는 몇 cm²인지 구해 보세요. (원주율: 3)

32 cm

(　　　　　　　　　　)

3 다음 끈을 남김없이 사용하여 원을 만들었습니다. 만든 원의 넓이는 몇 cm²인지 구해 보세요. (원주율: 3.1)

55.8 cm

(　　　　　　　　　　)

개념 알기

개념 **3** 여러 가지 원의 넓이 구하기

(1) 원의 넓이를 이용하여 색칠한 부분의 넓이 구하기

(예) (원주율: 3.14)

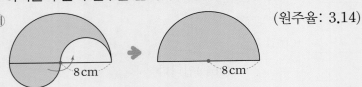

(큰 원의 넓이)$=6\times6\times3.14=113.04\ (\text{cm}^2)$
(작은 원의 넓이)$=3\times3\times3.14=28.26\ (\text{cm}^2)$
➡ (색칠한 부분의 넓이)$=$(큰 원의 넓이)$-$(작은 원의 넓이)
　　　　　　　　　　　 $=113.04-28.26=84.78\ (\text{cm}^2)$

(2) 구하려는 부분의 일부를 옮겨서 색칠한 부분의 넓이 구하기

(예) (원주율: 3.14)

(색칠한 부분의 넓이)$=8\times8\times3.14\times\dfrac{1}{2}=100.48\ (\text{cm}^2)$

▶ 넓이를 구할 수 있는 도형을 이용하기

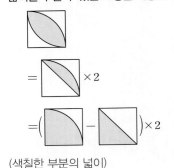

(색칠한 부분의 넓이)
$=\{$(원의 넓이)$\times\dfrac{1}{4}$
　　$-$(삼각형의 넓이)$\}\times2$

---

1 색칠한 부분의 넓이를 구하려고 합니다. ☐ 안에 알맞은 수를 써 넣으세요. (원주율: 3.14)

(정사각형의 넓이)$=20\times20=\boxed{}\ (\text{cm}^2)$

(원의 넓이)$=\boxed{}\times\boxed{}\times3.14=\boxed{}\ (\text{cm}^2)$

(색칠한 부분의 넓이)$=$(정사각형의 넓이)$-$(원의 넓이)

$=\boxed{}-\boxed{}=\boxed{}\ (\text{cm}^2)$

2 색칠한 부분의 넓이는 몇 cm^2인지 구해 보세요. (원주율: 3.1)

(1)

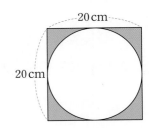

(　　　　　　　　)

(2)

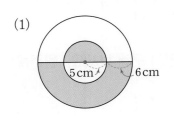

(　　　　　　　　)

개념 응용하기

응용 3 색칠한 부분의 넓이를 구해 보세요. (원주율: 3.1)

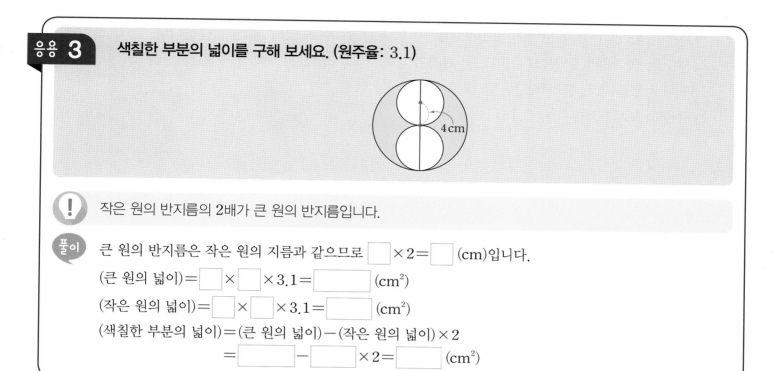

(!) 작은 원의 반지름의 2배가 큰 원의 반지름입니다.

(풀이) 큰 원의 반지름은 작은 원의 지름과 같으므로 ☐ ×2= ☐ (cm)입니다.

(큰 원의 넓이)= ☐ × ☐ ×3.1= ☐ (cm²)

(작은 원의 넓이)= ☐ × ☐ ×3.1= ☐ (cm²)

(색칠한 부분의 넓이)=(큰 원의 넓이)−(작은 원의 넓이)×2

　　　　　　　　　= ☐ − ☐ ×2= ☐ (cm²)

---

1 색칠한 부분의 넓이는 몇 cm²인지 구해 보세요. (원주율: 3)

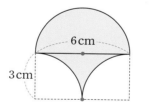

(　　　　　　　　　)

2 색칠한 부분의 넓이는 몇 cm²인지 구해 보세요. (원주율: 3)

(　　　　　　　　　)

3 민혁이는 오른쪽과 같은 모양 틀로 쿠키 반죽을 찍어 냈습니다. 찍어낸 쿠기 반죽의 넓이는 몇 cm²인지 구해 보세요. (원주율: 3.14)

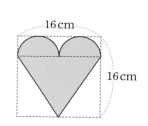

(　　　　　　　　　)

01 반지름이 45 cm인 원 모양의 훌라후프를 일직선으로 몇 바퀴 굴렸더니 굴러간 거리가 1413 cm였습니다. 훌라후프를 몇 바퀴 굴렸는지 구해 보세요. (원주율: 3.14)

(   )

03 두 도형의 둘레가 같습니다. ㉠의 길이는 몇 cm인지 구해 보세요. (원주율: 3)

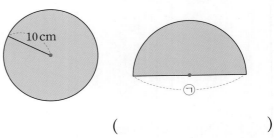

(   )

02 색칠한 부분의 둘레는 몇 cm인지 구해 보세요. (원주율: 3.1)

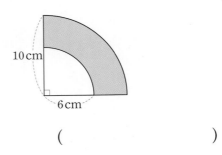

(   )

04 색칠한 부분의 둘레의 길이는 몇 cm인지 구해 보세요. (원주율: 3.14)

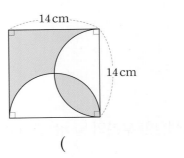

(   )

05 넓이가 153.86 cm²인 DVD의 둘레는 몇 cm 인지 구해 보세요. (원주율: 3.14)

(   )

06 한 변의 길이가 32 cm인 정사각형 안에 그림 과 같이 크기가 같은 원 4개를 그렸습니다. 원 4개의 넓이의 합은 몇 cm²인지 구해 보세요.

(원주율: 3.1)

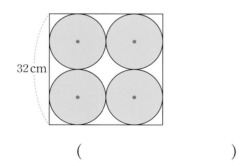

(   )

07 효빈이는 전통공예 체험장에서 화선지로 아래 와 같은 부채를 만들려고 합니다. 효빈이가 부 채를 만들기 위해 필요한 화선지의 넓이는 몇 cm²인지 구해 보세요. (원주율: 3)

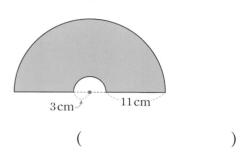

(   )

08 크기가 같은 원 5개를 이어 붙인 것입니다. 색 칠한 부분의 넓이는 몇 cm²인지 구해 보세요.

(원주율: 3.1)

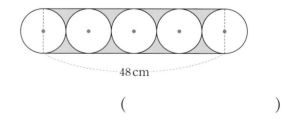

(   )

01 큰 원 안에 크기가 같은 작은 원 3개를 그린 것입니다. 작은 원 한 개의 원주가 21.7cm일 때, 큰 원의 원주는 몇 cm인지 구해 보세요.

(원주율: 3.1)

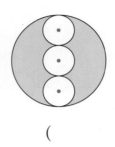

(   )

03 밑면의 반지름이 7 cm인 원기둥 모양 나무도막 3개를 그림과 같이 끈으로 한 번 둘러서 묶었습니다. 사용한 끈의 길이는 몇 cm인지 구해 보세요. (단, 끈을 묶는 데 사용한 매듭의 길이는 생각하지 않습니다.) (원주율: 3.14)

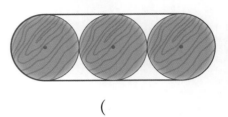

(   )

02 큰 반원의 지름은 작은 반원의 반지름의 6배입니다. 색칠한 부분의 둘레는 몇 cm인지 구해 보세요. (원주율: 3.14)

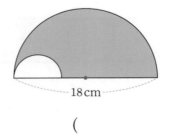

(   )

04 다음 그림에서 가장 큰 원의 지름이 가장 작은 반원의 지름의 4배일 때 색칠한 부분의 둘레가 몇 cm인지 구해 보세요. (원주율: 3)

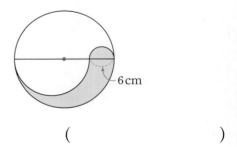

(   )

05 가의 원주는 148.8 cm, 나의 원주는 49.6 cm
    입니다. 두 원의 넓이의 차는 몇 cm²인지 구해
    보세요. (원주율: 3.1)

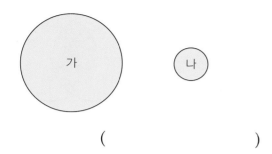

    (   )

06 그림의 직사각형 ㄱㄴㄷㄹ의 넓이가 128 cm²
    일 때 색칠한 부분의 넓이는 몇 cm²인지 구해
    보세요. (원주율: 3.14)

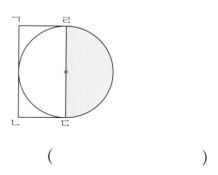

    (   )

07 그림은 크기가 다른 3개의 원을 원의 중심이
    같게 겹쳐서 과녁판을 만든 것입니다. 가장 큰
    원의 지름은 54 cm이고, 반지름이 8 cm씩 작
    아지도록 원을 그렸습니다. 7점에 해당하는 부
    분의 넓이는 몇 cm²인지 구해 보세요.

                                    (원주율: 3.14)

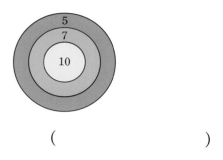

    (   )

08 한 변이 2 cm인 정사각형의 둘레에 원의 일부
    분을 붙여서 만든 것입니다. 색칠한 부분의 넓
    이는 몇 cm²인지 구해 보세요. (원주율: 3)

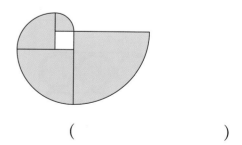

    (   )

01 효빈이와 민혁이는 바퀴의 반지름이 각각 40 cm, 45 cm인 자전거를 타고 152.52 m 떨어진 곳에서 마주 보고 동시에 출발했습니다. 효빈이의 자전거 바퀴가 30바퀴 돈 지점에서 민혁이를 만났다면 민혁이의 자전거 바퀴는 몇 바퀴 돌았는지 구해 보세요. (단, 효빈이와 민혁이는 일직선 상에 있습니다.) (원주율: 3.1)

(   )

02 밑면의 지름이 8 cm인 원기둥 모양의 음료수 6개를 다음과 같이 끈으로 한 번 둘러서 묶으려고 합니다. 가와 나 중 어떤 방법으로 묶을 때 필요한 끈이 몇 cm 더 적은지 구해 보세요. (단, 끈을 묶는 데 사용한 매듭의 길이는 생각하지 않습니다.) (원주율 : 3.14)

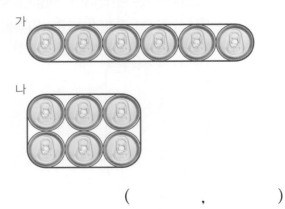

(,   )

03 반지름이 24 cm인 두 원이 서로의 중심을 지나도록 겹쳐 그린 것입니다. 색칠한 부분의 둘레는 몇 cm인지 구해 보세요. (원주율: 3.14)

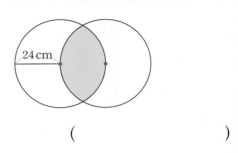

(   )

04 그림은 반지름이 48 cm인 원의 둘레를 12등분하여 점으로 나타낸 것입니다. 색칠한 부분의 넓이는 몇 cm²인지 구해 보세요. (원주율: 3)

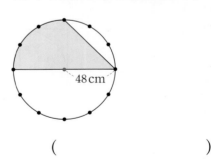

(   )

05 한 변의 길이가 16 cm인 정사각형 안에 정사각형의 한 변을 지름으로 하는 반원과 정사각형의 한 변을 반지름으로 하는 원의 $\frac{1}{4}$을 그렸습니다. 색칠한 부분의 넓이는 몇 cm²인지 구해 보세요. (원주율: 3)

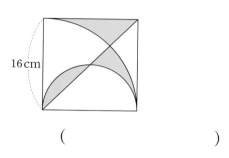

(　　　　　)

06 그림은 정사각형 안에 꼭맞게 원을 그린 것입니다. 색칠한 부분의 넓이는 정사각형 넓이의 몇 %인지 구해 보세요. (원주율: 3)

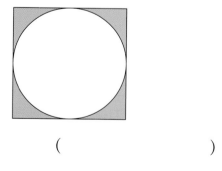

(　　　　　)

07 그림은 정사각형과 원을 겹쳐 놓은 것입니다. 겹친 부분의 넓이가 정사각형 넓이의 $\frac{1}{6}$이고, 원의 넓이의 $\frac{2}{9}$일 때 원의 반지름은 몇 cm인지 구해 보세요. (원주율: 3)

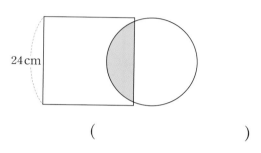

(　　　　　)

08 그림은 넓이가 111.6 cm²인 원 안에 꼭맞게 정사각형을 그리고 그린 정사각형의 각 변의 가운데 점을 이어 또 다른 정사각형을 그린 것입니다. 색칠한 부분의 넓이는 몇 cm²인지 구해 보세요. (원주율: 3.1)

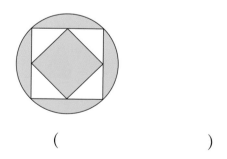

(　　　　　)

01 반지름이 각각 8 cm, 5 cm인 두 바퀴를 그림과 같이 길이 120 cm인 벨트로 연결해 놓았습니다. 두 바퀴의 회전수의 합이 520번일 때 벨트의 회전수는 몇 번인지 구해 보세요.

(원주율: 3)

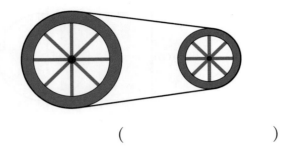

(   )

02 그림과 같이 사다리꼴 안에 원을 꼭맞게 그렸습니다. 이 사다리꼴의 넓이가 150 cm²일 때 색칠한 부분의 넓이는 몇 cm²인지 구해 보세요. (원주율: 3)

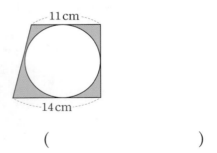

(   )

03 육상 경기장 트랙은 그림과 같이 직선 구간과 반원 모양의 곡선 구간으로 이루어져 있습니다. 가장 안쪽이 1번 레인이고, 가장 바깥쪽이 6번 레인입니다. 1번 레인에서 6번 레인으로 갈수록 곡선 구간이 길어지므로 트랙을 한 바퀴 도는 400 m 육상 경기에서는 레인마다 출발선의 위치가 다릅니다. 각 레인의 폭이 1.25 m이고 레인의 중간 부분의 거리를 재어 출발선을 그릴 때, 1번 레인의 출발선은 6번 레인의 출발선보다 몇 m 뒤에 그려야 할까요?

(원주율: 3.1)

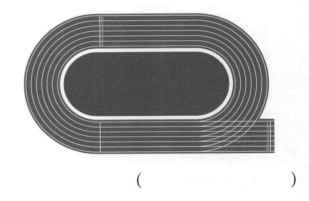

(   )

04 ㉮ 피자와 ㉯ 피자의 두께는 서로 같습니다. ㉮ 피자의 반지름이 ㉯ 피자의 반지름의 2.5배일 때 ㉮ 피자를 만드는 데 필요한 밀가루의 양은 ㉯ 피자를 만드는 데 필요한 밀가루의 양의 몇 배인지 구해 보세요. (원주율: 3.14)

(   )

05 그림에서 시계의 짧은 바늘은 9 cm이고, 긴 바늘은 15 cm입니다. 오후 1시부터 오후 5시까지 시계의 짧은 바늘과 긴바늘이 지나간 부분의 넓이의 차는 몇 cm²인지 구해 보세요.

(원주율: 3.14)

(   )

06 그림에서 빨간색으로 칠한 부분과 파란색으로 칠한 부분의 넓이의 차는 몇 cm²인지 구해 보세요. (원주율: 3.1)

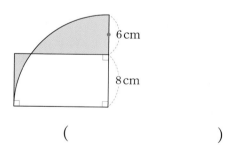

(   )

07 지름이 3 cm인 원이 그림과 같이 한 변이 12 cm인 정삼각형의 둘레를 한 바퀴 돌 때, 원이 지나간 자리의 넓이는 몇 cm²인지 구해 보세요. (원주율: 3.1)

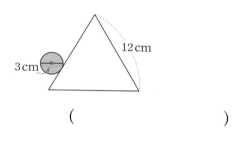

(   )

08 그림에서 정사각형 ㄱㄴㄷㄹ의 꼭짓점 ㄱ, ㄴ, ㄹ은 각각 세 원의 중심입니다. 정사각형의 대각선의 길이가 16 cm일 때, 색칠한 부분의 넓이는 몇 cm²인지 구해 보세요. (원주율: 3.1)

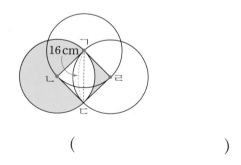

(   )

01 가장 큰 원의 넓이는 몇 cm²인지 구해 보세요.

(원주율: 3.14)

ㄱ 반지름이 11 cm인 원
ㄴ 지름이 20 cm인 원
ㄷ 원주가 75.36 cm인

(   )

02 직사각형 모양의 종이를 잘라 만들 수 있는 가장 큰 원의 넓이는 몇 cm²인지 구해 보세요.

(원주율: 3.1)

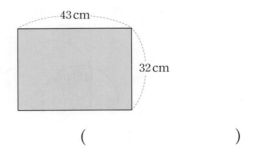

43 cm
32 cm

(   )

03 민혁이는 매일 아침마다 그림과 같은 모양의 학교 운동장을 2바퀴씩 달린다고 합니다. 민혁이가 달린 거리는 몇 m인지 구해 보세요.

(원주율: 3.1)

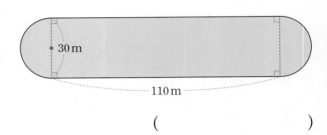

30 m
110 m

(   )

04 색칠한 부분의 둘레는 몇 cm인지 구해 보세요.

(원주율: 3.14)

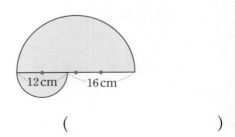

12 cm   16 cm

(   )

05 색칠한 부분의 넓이는 몇 cm²인지 구해 보세요. (원주율: 3.14)

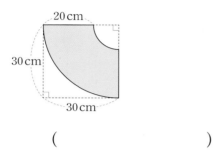

( )

06 찬규는 체육시간에 사용하기 위해 반지름이 4 cm인 가장 작은 노란색 원을 그리고, 반지름이 3 cm씩 길어지도록 원 3개를 더 그려 과녁을 만들었습니다. 파란색 부분의 넓이는 몇 cm²인지 구해 보세요. (원주율: 3.14)

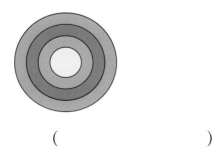

( )

07 그림과 같이 한 변의 길이가 32 cm인 정사각형 모양의 종이의 각 꼭짓점에서 8 cm 떨어진 곳에 점을 찍고, 각 점을 잇는 선을 따라 접었습니다. 이 때 생긴 가장 작은 정사각형 안에 들어갈 수 있는 가장 큰 원의 원주는 몇 cm인지 구해 보세요. (원주율: 3.1)

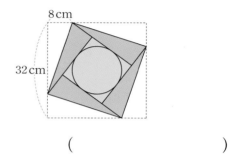

( )

08 그림과 같이 원을 하나 그린 후 그린 원과 중심은 같고 반지름이 더 긴 원 하나를 더 그렸더니 새로 그린 원의 원주가 처음에 그린 원의 원주보다 18.84 cm만큼 더 길었습니다. 새로 그린 원의 넓이가 254.34 cm²일 때 두 원의 반지름의 차는 몇 cm인지 구해 보세요.

(원주율: 3.14)

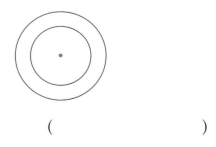

( )

09 그림과 같이 정사각형 모양 창고의 한 꼭짓점에 길이가 8 m인 줄로 염소를 묶어 놓았습니다. 이 염소가 풀을 뜯기 위해 움직일 수 있는 부분의 넓이는 몇 m²인지 구해 보세요. (단, 염소를 묶은 매듭의 길이는 생각하지 않습니다.)

(원주율: 3.14)

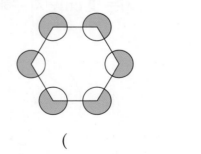

(   )

10 그림과 같이 육각형의 각 꼭짓점을 원의 중심으로 하여 반지름이 14 cm인 원을 그렸습니다. 색칠한 부분의 넓이의 합은 몇 cm²인지 구해 보세요. (원주율: 3.14)

(   )

11 그림과 같이 직각삼각형 ㄱㄴㄷ 안에 그릴 수 있는 가장 큰 원을 그렸습니다. 이 원의 원주는 몇 cm인지 구해 보세요. (원주율: 3.14)

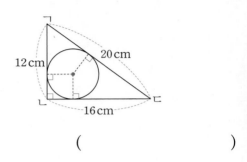

(   )

12 ㉮와 ㉯의 넓이가 같을 때, 선분 ㅁㄴ의 길이는 몇 cm인지 구해 보세요. (원주율: 3)

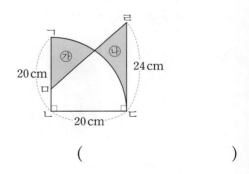

(   )

6

원기둥, 원뿔, 구

개념 1 원기둥

(1) 원기둥

• 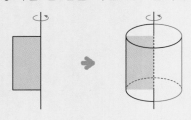 등과 같은 입체도형을 원기둥이라고 합니다.

(2) 원기둥의 구성 요소 및 특징
• 서로 평행하고 합동인 두 면을 밑면 이라고 합니다.
• 두 밑면과 만나는 굽은 면을 옆면이 라고 합니다.
• 두 밑면에 수직인 선분의 길이를 높 이라고 합니다.
• 직사각형 모양의 종이를 한 변을 기준으로 돌리면 원기둥이 됩니다.

▶ 원기둥과 각기둥의 공통점과 차이점

구분		원기둥	각기둥
공통점		• 기둥 모양입니다. • 밑면이 2개입니다. • 두 밑면이 서로 평행하고 합동입니다. • 앞과 옆에서 본 모양이 직사각형입니다.	
차이점	밑면	원	다각형
	옆면	굽은 면	직사각형
	꼭짓점	없음	있음
	모서리	없음	있음
	위에서 본 모양	원	다각형

▶ 돌리기 전의 직사각형과 원기둥
(직사각형 세로)
=(원기둥의 높이)
(직사각형 가로)
=(원기둥의 밑면의 반지름)

1   원기둥에 대한 설명으로 옳지 않은 것은 어느 것인가요? (   )

① 밑면은 원입니다.
② 두 밑면은 서로 수직입니다.
③ 두 밑면은 서로 합동입니다.
④ 위에서 본 모양은 원입니다.
⑤ 두 밑면에 수직인 선분의 길이를 높이라고 합니다.

2   다음 입체도형이 원기둥이 아닌 이유를 써 보세요.

이유 _____

개념 응용하기

응용 1 다음 원기둥을 앞에서 본 모양의 넓이를 구해 보세요.

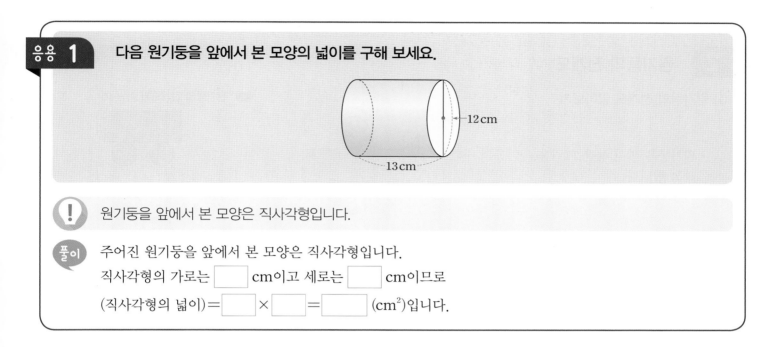

⚠️ 원기둥을 앞에서 본 모양은 직사각형입니다.

풀이 주어진 원기둥을 앞에서 본 모양은 직사각형입니다.

직사각형의 가로는 [ ] cm이고 세로는 [ ] cm이므로

(직사각형의 넓이)= [ ] × [ ] = [ ] (cm²)입니다.

1 다음 원기둥에 대한 설명입니다. 밑면의 지름과 높이는 몇 cm인지 구해 보세요.

- 위에서 본 모양은 반지름이 7 cm인 원입니다.
- 앞에서 본 모양은 정사각형입니다.

밑면의 지름 (   )
높이 (   )

2 다음 원기둥을 앞에서 본 모양의 둘레는 몇 cm인지 구해 보세요.

(   )

3 오른쪽 그림과 같은 직사각형의 종이를 한 변을 기준으로 돌려서 만든 원기둥의 밑면의 지름과 높이의 합은 몇 cm인지 구해 보세요.

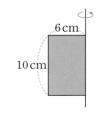

(   )

개념 알기

개념 2 원기둥의 전개도

(1) 원기둥의 전개도 알아보기

• 원기둥을 펼쳐 놓은 그림을 원기둥의 전개도라고 합니다.

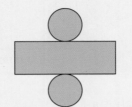

(2) 원기둥의 전개도의 특징

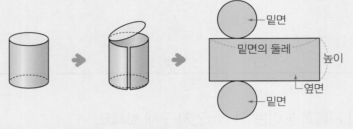

① 두 밑면의 모양은 원이고, 서로 합동이며, 2개입니다.
② 옆면의 모양은 직사각형이고, 1개입니다.
③ (옆면의 가로)=(밑면의 둘레)=(밑면의 지름)×(원주율)
④ (옆면의 세로)=(원기둥의 높이)

원기둥의 전개도가 아닌 예

➡ 밑면이 같은 쪽에 있습니다.

➡ 옆면이 직사각형이 아닙니다.

➡ 두 밑면이 합동이 아닙니다.

➡ 밑면이 높이를 나타내는 선에 있습니다.

---

1 다음 그림이 원기둥의 전개도가 <u>아닌</u> 이유를 2가지 써 보세요.

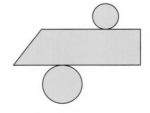

이유 _____

_____

2 원기둥의 전개도를 보고, ☐ 안에 알맞은 수를 써 넣으세요. (원주율: 3.14)

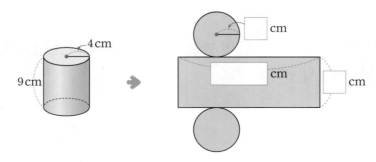

개념 응용하기

응용 2 오른쪽 원기둥의 전개도의 둘레는 몇 cm인지 구해 보세요. (원주율: 3)

16 cm

8 cm

(!) 원기둥의 전개도에서 옆면의 가로는 밑면의 둘레와 같고, 세로는 원기둥의 높이와 같습니다.

풀이
- (옆면의 가로)=(한 밑면의 둘레)=□×3=□ (cm)
- (옆면의 둘레)=(□+8)×2=□ (cm)
- (원기둥 전개도의 둘레)=(한 밑면의 둘레)×2+(옆면의 둘레)
  =□×2+□=□ (cm)

1 오른쪽 원기둥의 전개도에서 밑면의 반지름은 몇 cm인지 구해 보세요.

(원주율: 3.14)

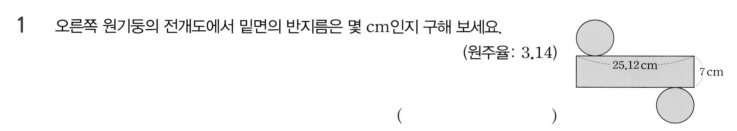

25.12 cm

7 cm

(   )

2 원기둥의 전개도에서 옆면의 둘레가 54 cm이고 세로가 9 cm입니다. 전개도의 둘레는 몇 cm인지 구해 보세요.

9 cm

(   )

3 오른쪽 원기둥의 전개도에서 옆면의 넓이는 몇 cm²인지 구해 보세요.

(원주율: 3.1)

3 cm

8 cm

(   )

개념 알기

개념 3 원뿔/구

(1) 원뿔

, 등과 같은 입체도형을 원뿔이라고 합니다.

(2) 원뿔의 구성 요소 알아보기

- 밑면 : 평평한 면
- 옆면 : 옆을 둘러싼 굽은 면
- 원뿔의 꼭짓점 : 뾰족한 부분의 점
- 모선 : 원뿔의 꼭짓점과 밑면인 원의 둘레의 한 점을 이은 선분
- 높이 : 원뿔의 꼭짓점에서 밑면에 수직인 선분의 길이

(3) 구

, 등과 같은 입체도형을 구라고 합니다.

(4) 구의 구성 요소 알아보기

- 구의 중심 : 구에서 가장 안쪽에 있는 점
- 구의 반지름 : 중심에서 구의 겉면의 한 점을 이은 선분

원뿔 만들기
직각삼각형 모양의 종이를 한 변을 기준으로 돌리면 원뿔이 됩니다.

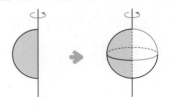

구 만들기
반원 모양의 종이를 지름을 기준으로 돌리면 구가 됩니다.

---

1 원뿔에 대한 설명으로 옳지 않은 것은 어느 것인가요? (   )

① 밑면은 원이고 1개입니다.
② 원뿔의 꼭짓점은 1개입니다.
③ 모선의 길이는 모두 같습니다.
④ 뿔 모양의 입체도형입니다.
⑤ 모선은 1개입니다.

2 반원의 지름을 중심으로 한 바퀴 돌려 구를 만들려고 합니다. 만들어지는 구의 지름은 몇 cm인지 구해 보세요.

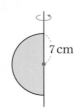

7 cm

(   )

개념 응용하기

응용 3 직각삼각형을 한 바퀴 돌려서 만든 입체도형의 밑면의 넓이는 몇 cm²인지 구해 보세요. (원주율: 3)

3 cm

⚠️ 직각삼각형을 한 바퀴 돌려서 만든 입체도형은 원뿔입니다.

풀이 직각삼각형을 한 바퀴 돌려 만든 도형은 [ ]이고,

원뿔의 밑면의 반지름은 삼각형의 [ ]의 길이와 같습니다.

(원뿔의 밑면의 넓이)=[ ]×[ ]×[ ]=[ ] (cm²)

---

1 (구의 지름)+(원뿔의 모선)−(원기둥의 높이)를 구해 보세요.

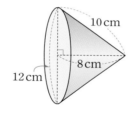
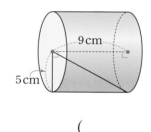

( )

2 원뿔을 앞에서 본 모양의 둘레는 몇 cm인지를 구해 보세요.

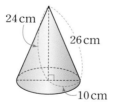

( )

3 구를 위에서 본 모양의 둘레는 몇 cm인지를 구해 보세요. (원주율: 3.1)

( )

01 직각삼각형 모양의 종이를 그림과 같이 한 변을 기준으로 한 바퀴 돌려서 입체도형을 만들었습니다. 이 입체도형의 밑면의 지름과 높이, 모선의 길이는 각각 몇 cm인지 구해 보세요.

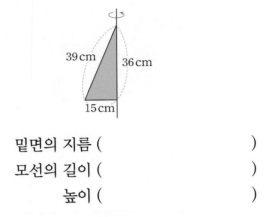

39 cm 36 cm 15 cm

밑면의 지름 (   )

모선의 길이 (   )

높이 (   )

02 그림과 같이 직사각형의 한 변을 기준으로 돌렸을 때 만들어지는 입체도형을 앞에서 본 모양의 넓이는 몇 cm²인지 구해 보세요.

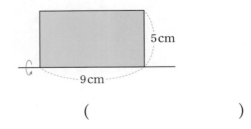

5 cm 9 cm

(   )

03 다음 조건을 모두 만족하는 원기둥의 높이는 몇 cm인지 구해 보세요. (원주율: 3.1)

─ 조건 ─
• 원기둥의 높이와 밑면의 반지름의 길이가 같습니다.
• 전개도에서 옆면의 가로는 49.6 cm입니다.

(   )

04 원기둥의 밑면의 반지름과 높이를 각각 3배로 늘여서 새로운 원기둥을 만들려고 합니다. 원기둥을 만들기 위해 전개도를 그릴 때, 새로운 전개도의 옆면의 둘레는 몇 cm인지 구해 보세요. (원주율: 3)

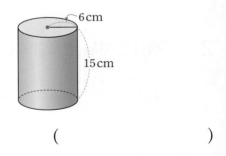

6 cm 15 cm

(   )

05 철사를 이용하여 그림과 같은 원뿔 모양을 만들었습니다. 사용한 철사의 길이가 76 cm라면 밑면에 사용한 철사의 길이는 몇 cm인지 구해 보세요. (단, 철사를 이은 부분의 길이는 생각하지 않습니다.)

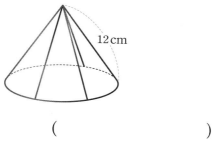

( )

06 원기둥의 전개도에서 옆면의 넓이가 376.8 cm² 일 때 전개도의 둘레는 몇 cm인지 구해 보세요. (원주율: 3.14)

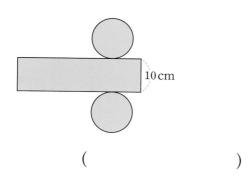

( )

07 원뿔과 구를 앞에서 본 모양의 넓이의 차를 구해 보세요. (원주율: 3.14)

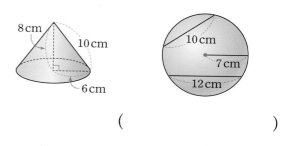

( )

08 그림과 같은 직각삼각형 ㄱㄴㄷ이 있습니다. 변 ㄴㄷ과 변 ㄱㄷ을 각각 기준으로 돌려 만든 입체도형을 앞에서 본 모양의 둘레의 차는 몇 cm인지 구해 보세요.

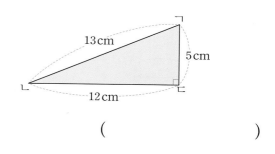

( )

01 밑면의 반지름이 4 cm이고 높이가 5 cm인 원기둥의 옆면의 넓이는 몇 cm²인지 구해 보세요. (원주율: 3.14)

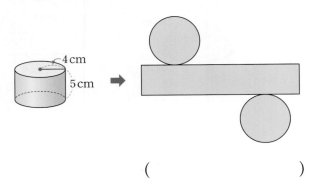

( )

03 다음 전개도로 원기둥을 만들었습니다. 이 원기둥을 앞에서 본 모양의 넓이가 40 cm²일 때 옆면의 넓이는 몇 cm²인지 구해 보세요.

(원주율: 3.1)

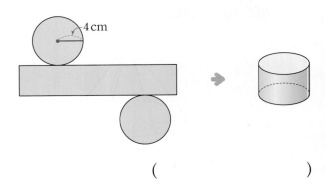

( )

02 입체도형 가, 나를 앞에서 본 모양의 넓이는 서로 같습니다. 가의 전개도에서 옆면의 가로가 54 cm일 때, 나의 밑면의 반지름은 몇 cm인지 구해 보세요. (원주율: 3)

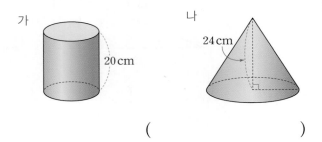

( )

04 원기둥 모양의 롤러에 페인트를 칠한 다음 5바퀴를 굴렸습니다. 페인트가 칠해진 부분의 넓이는 몇 cm²인지 구해 보세요. (원주율: 3.1)

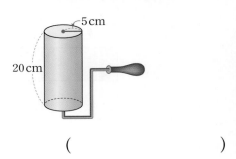

( )

05 그림과 같은 직사각형 모양의 두꺼운 종이에 밑면의 반지름이 5 cm인 원기둥의 전개도를 그리고 오려 붙여 원기둥 모양의 상자를 만들려고 합니다. 높이가 가능한 긴 상자를 만든다면 상자의 높이를 몇 cm로 해야 하는지 구해 보세요. (원주율: 3)

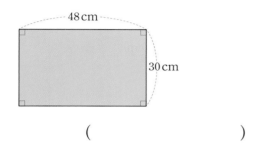

(   )

06 직각삼각형 ㄱㄴㄷ을 변 ㄴㄷ과 변 ㄱㄷ을 기준으로 각각 돌려서 입체도형 가와 나를 만들려고 합니다. 두 입체도형의 밑면의 넓이의 차는 몇 cm²인지 구해 보세요. (원주율: 3)

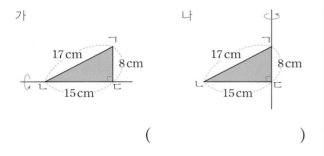

(   )

07 그림과 같이 직사각형의 한 변을 기준으로 각각 돌렸을 때 만들어지는 입체도형 가와 나 중 어느 도형의 옆면의 넓이가 몇 cm² 더 넓은지 써 보세요. (원주율: 3.14)

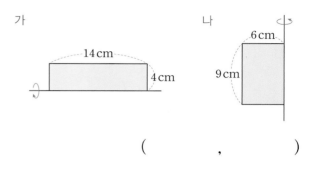

(,   )

08 그림과 같이 원기둥 안에 구가 꼭맞게 들어 있습니다. 구를 앞에서 본 모양의 넓이가 200.96 cm²일 때, 원기둥을 앞에서 본 모양의 넓이는 몇 cm²인지 구해 보세요.

(원주율: 3.14)

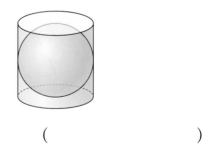

(   )

01 원뿔을 앞에서 본 모양의 둘레는 몇 cm인지 구해 보세요.

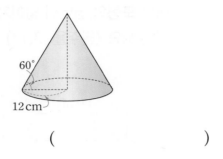

(   )

02 민혁이는 철사를 사용하여 그림과 같이 밑면의 반지름이 11 cm, 모선의 길이가 15 cm인 원뿔을 만들었습니다. 효빈이는 민혁이가 사용한 같은 길이의 철사로 정육각형을 만들었을 때 효빈이가 만든 정육각형의 한 변의 길이는 몇 cm인지 구해 보세요. (원주율: 3)

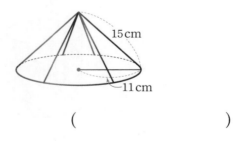

(   )

03 효빈이는 미술 시간에 원기둥 모양의 통에 색종이를 붙이기 위해 그림과 같이 직사각형 모양의 색종이 위에 원기둥의 전개도를 꼭 맞게 그렸습니다. 색종이의 넓이는 몇 cm²인지 구해 보세요. (원주율: 3)

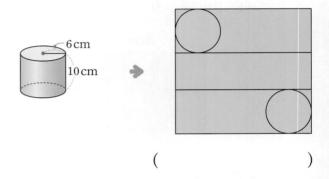

(   )

04 원기둥의 전개도에서 옆면의 가로는 세로의 3배이고, 밑면의 반지름은 9 cm입니다. 옆면의 넓이는 몇 cm²인지 구해 보세요. (원주율: 3.1)

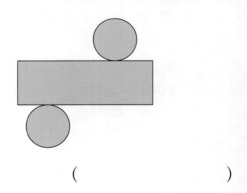

(   )

05 어떤 평면도형을 한 바퀴 돌렸을 때 그림과 같이 가운데가 뚫린 입체도형이 되었습니다. 돌리기 전 도형의 넓이는 몇 cm²인지 구해 보세요.

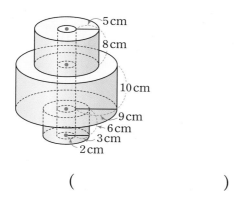

(   )

07 직각삼각형 가와 나를 다음과 같이 한 바퀴 돌려 만든 입체도형을 각각 앞에서 본 모양의 넓이의 차는 몇 cm²인지 구해 보세요.

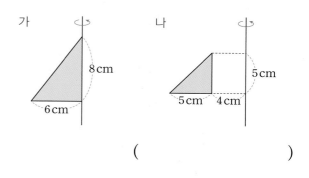

(   )   (   )

06 크기가 같은 원기둥 모양의 음료수 캔이 2개 있습니다. 그림과 같이 옆면을 겹치는 부분이 없게 포장지로 둘러싸려면 포장지는 몇 cm²가 필요한지 구해 보세요. (원주율: 3.14)

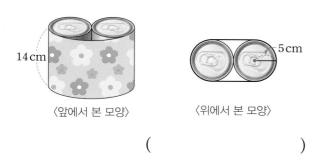

〈앞에서 본 모양〉   〈위에서 본 모양〉

(   )

08 그림과 같은 원기둥 모양의 통을 5바퀴 굴렸더니 움직인 거리가 186 cm였습니다. 이 원기둥의 전개도의 넓이는 몇 cm²인지 구해 보세요.

(원주율: 3.1)

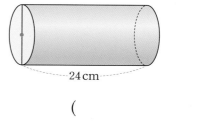

(   )

01 주어진 직사각형의 가로와 세로를 축으로 하여 각각 한 바퀴 돌려 입체도형 2개를 만들었습니다. 두 입체도형을 회전축에 수직인 평면으로 자른 단면의 넓이의 차는 몇 cm²인지 구해 보세요. (원주율: 3.14)

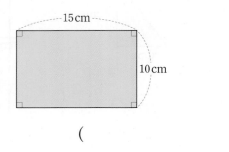
15cm
10cm

( )

02 원뿔을 앞에서 본 모양의 넓이는 240 cm²이고 둘레는 100 cm입니다. 이 원뿔의 높이와 모선의 길이의 차는 몇 cm인지 구해 보세요.

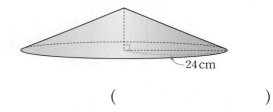
24cm

( )

03 밑면의 지름과 높이의 비가 6 : 5인 원기둥을 옆면으로 6바퀴 굴렸을 때 굴러간 거리는 339.12 cm입니다. 이 원기둥의 옆면의 넓이와 한 밑면의 넓이의 차는 몇 cm²인지 구해 보세요. (원주율: 3.14)

( )

04 모선의 길이가 32 cm이고, 밑면의 반지름이 4 cm인 원뿔을 그림과 같이 점 ㅇ를 중심으로 원주를 따라 굴리려고 합니다. 굴린 원뿔이 처음의 자리로 오려면 원뿔을 적어도 몇 바퀴 굴려야 하는지 구해 보세요. (원주율: 3)

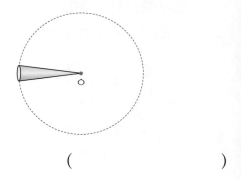
ㅇ

( )

05 그림과 같은 평면도형을 한 바퀴 돌려 입체도형을 만들었습니다. 만든 입체도형을 앞에서 본 모양과 위에서 본 모양의 넓이의 차는 몇 cm²인지 구해 보세요. (원주율: 3.1)

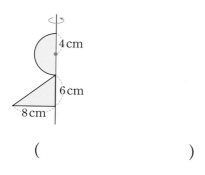

( )

06 가와 나는 모두 크기가 같은 정사각형 4개를 이어 붙인 직사각형을 옆면으로 하는 원기둥의 전개도입니다. 가와 나의 둘레의 비를 간단한 자연수의 비로 나타내어 보세요.

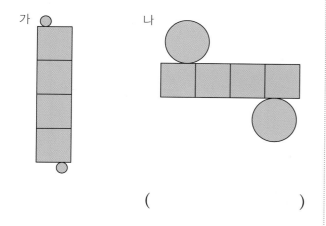

( )

07 밑면의 반지름이 6 cm이고 높이가 15 cm인 원기둥의 옆면에 점 ㄱ에서 출발하여 옆면을 돌아 점 ㄴ까지 잇는 가장 짧은 선을 그렸습니다. 그린 선을 오른쪽 전개도에 나타냈을 때 선분 ㄱㄴ의 길이는 몇 cm인지 구해 보세요.

(원주율: 3)

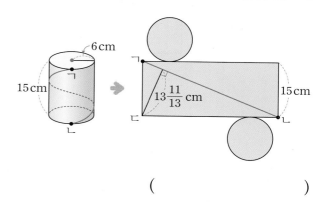

( )

08 그림은 한 가운데에 원기둥 모양의 구멍이 뚫린 정육면체 모양의 나무 블록입니다. 이 나무 블록 겉면에 색칠하려고 할 때, 색칠한 부분의 넓이는 몇 cm²인지 구해 보세요. (원주율: 3.1)

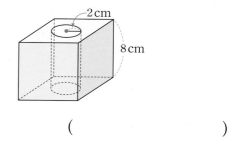

( )

01 그림과 같이 한 모서리의 길이가 20 cm인 정
육면체 모양의 선물 상자에 꼭 맞게 넣을 수
있는 가장 큰 원기둥을 넣었습니다. 이 원기둥
의 높이는 몇 cm인지 구해 보세요.

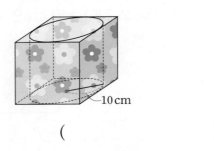

(   )

02 직사각형의 한 변을 기준으로 돌려서 만든 입
체도형을 앞에서 본 모양의 넓이는 몇 cm²인
지 구해 보세요.

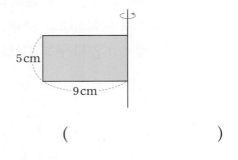

(   )

03 그림과 같이 원기둥의 한 밑면에 있는 점 ㄱ에
서 다른 한 밑면에 있는 점 ㄴ으로 실을 가장
짧게 두 바퀴 감았을 때, 실의 위치를 원기둥의
전개도에 그려 보세요.

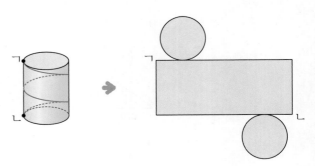

04 다음은 반원 모양의 종이를 지름으로 돌려 만
든 입체도형입니다. 돌리기 전의 종이 넓이는
몇 cm²인지 구해 보세요. (원주율: 3)

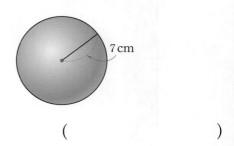

(   )

05 원기둥의 전개도의 둘레가 123.2 cm일 때 밑면의 반지름은 몇 cm인지 구해 보세요.

(원주율: 3.1)

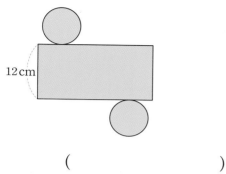

12 cm

(   )

06 다음 조건을 모두 만족하는 원기둥의 높이는 몇 cm인지 구해 보세요. (원주율: 3)

조건

• 전개도에서 옆면의 넓이는 294 cm²입니다.
• 원기둥의 높이는 밑면의 지름의 2배입니다.

(   )

07 그림은 어떤 평면도형을 한 변을 기준으로 한 바퀴 돌려 만든 입체도형의 전개도입니다. 전개도에서 옆면의 가로가 87.92 cm일 때, 돌리기 전의 평면도형의 넓이는 몇 cm²인지 구해 보세요. (원주율: 3.14)

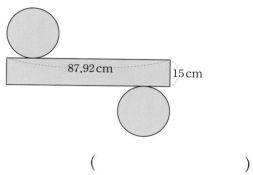

87.92 cm   15 cm

(   )

08 원기둥을 회전축에 수직인 평면으로 잘랐을 때 단면의 넓이는 몇 cm²인지 구해 보세요.

(원주율: 3.14)

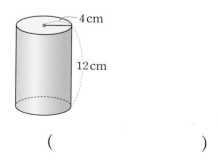

4 cm

12 cm

(   )

09 원기둥의 한 밑면의 넓이는 254.34 cm²이고 앞에서 본 모양은 세로가 12 cm인 직사각형 입니다. 이 원기둥의 전개도의 넓이는 몇 cm² 인지 구해 보세요. (원주율: 3.14)

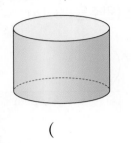

(   )

10 다음 원기둥의 전개도를 접어 만든 원기둥을 앞에서 본 모양의 둘레는 몇 cm인지 구해 보세요. (원주율: 3.14)

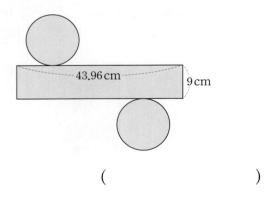

43.96 cm   9 cm

(   )

11 서현이와 찬규는 그림과 같이 직사각형을 한 바퀴 돌려서 원기둥을 만들었습니다. 각자 만 든 원기둥의 전개도의 둘레의 차가 몇 cm인지 구해 보세요. (원주율: 3)

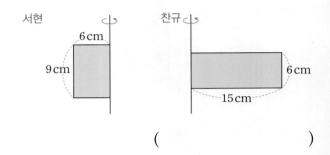

서현   6 cm   9 cm   찬규   6 cm   15 cm

(   )

12 직사각형을 가로와 세로를 각각 기준으로 돌려 만든 두 입체도형의 전개도의 넓이의 차는 몇 cm²인지 구해 보세요. (원주율: 3.1)

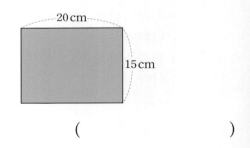

20 cm   15 cm

(   )

심화·고난도 학습도 만점왕으로 해결

만점왕 수학 고난도

6-2

정답과 풀이

1단원 분수의 나눗셈

● 개념알기 개념 **1**　　　　　　　　6쪽

1 (1) 8, 1, 8　(2) 3, 3　　**2** $3\frac{1}{2}$

1 (1) $\frac{8}{9} \div \frac{1}{9} = 8 \div 1 = 8$

　(2) $\frac{9}{11} \div \frac{3}{11} = 9 \div 3 = 3$

2 눈금 한 칸의 크기는 $\frac{1}{8}$이므로

㉠이 나타내는 수는 $\frac{2}{8}$,

㉡이 나타내는 수는 $\frac{7}{8}$입니다.

➡ ㉡÷㉠ $= \frac{7}{8} \div \frac{2}{8} = 7 \div 2 = \frac{7}{2} = 3\frac{1}{2}$

● 개념 응용하기 응용 **1**　　　　　　　　7쪽

9, 4, 9, 4, 9, 4, $\frac{9}{4}$, $2\frac{1}{4}$, $2\frac{1}{4}$

---

1 ㉣, ㉡, ㉠, ㉢　　**2** (위에서부터) $2\frac{3}{5}$, $2\frac{1}{4}$, $1\frac{4}{9}$, $1\frac{1}{4}$

3 1, 2, 7, 14

1 ㉠ $\frac{4}{7} \div \frac{2}{7} = 4 \div 2 = 2$

㉡ $\frac{7}{9} \div \frac{3}{9} = 7 \div 3 = \frac{7}{3} = 2\frac{1}{3}$

㉢ $\frac{7}{11} \div \frac{4}{11} = 7 \div 4 = \frac{7}{4} = 1\frac{3}{4}$

㉣ $\frac{6}{12} \div \frac{2}{12} = 6 \div 2 = 3$

따라서 계산 결과가 큰 것부터 나열하면 ㉣, ㉡, ㉠, ㉢입니다.

---

2 $\frac{13}{23} \div \frac{5}{23} = 13 \div 5 = \frac{13}{5} = 2\frac{3}{5}$

$\frac{9}{23} \div \frac{4}{23} = 9 \div 4 = \frac{9}{4} = 2\frac{1}{4}$

$\frac{13}{23} \div \frac{9}{23} = 13 \div 9 = \frac{13}{9} = 1\frac{4}{9}$

$\frac{5}{23} \div \frac{4}{23} = 5 \div 4 = \frac{5}{4} = 1\frac{1}{4}$

3 $\frac{14}{19} \div \frac{●}{19} = 14 \div ●$

$14 \div ●$ 의 몫이 자연수가 되려면 ●는 14의 약수이어야 합니다.

따라서 14의 약수는 1, 2, 7, 14이므로 ●는 1, 2, 7, 14입니다.

● 개념알기 개념 **2**　　　　　　　　8쪽

1 (1) $1\frac{13}{15}$　(2) $1\frac{1}{21}$　　**2** 42　　**3** >

1 (1) $\frac{4}{5} \div \frac{3}{7} = \frac{4}{5} \times \frac{7}{3} = \frac{28}{15} = 1\frac{13}{15}$

　(2) $\frac{2}{3} \div \frac{7}{11} = \frac{2}{3} \times \frac{11}{7} = \frac{22}{21} = 1\frac{1}{21}$

2 $12 \div \frac{3}{5} = \overset{4}{12} \times \frac{5}{\underset{1}{3}} = 20$

$8 \div \frac{4}{11} = \overset{2}{8} \times \frac{11}{\underset{1}{4}} = 22$

➡ $20 + 22 = 42$

3 $\frac{6}{7} \div \frac{3}{14} = \frac{\overset{2}{6}}{\underset{1}{7}} \times \frac{\overset{2}{14}}{\underset{1}{3}} = 4$

$\frac{8}{9} \div \frac{1}{2} = \frac{8}{9} \times \frac{2}{1} = \frac{16}{9} = 1\frac{7}{9}$

➡ $4 > 1\frac{7}{9}$

• 개념 응용하기 응용 **2** 9쪽

$$\frac{1}{3}\ /\ \frac{7}{18},\ \frac{7}{18},\ \frac{7}{6},\ 1\frac{1}{6}\ /\ \frac{5}{6},\ \frac{5}{6},\ \frac{5}{2},\ 2\frac{1}{2}\ /$$

$$\frac{11}{12},\ \frac{11}{12},\ \frac{11}{4},\ 2\frac{3}{4}\ /\ 1,\ 2,\ 2$$

1 $2\frac{1}{6}$ **2** $10\frac{4}{5}$ kg **3** $2\frac{4}{5}$ 배

1 분자가 같은 분수는 분모가 작을수록 큰 수이고, 분모가 클수록 작은 수입니다.

분모가 가장 작은 $\frac{5}{6}$ 가 가장 큰 수이고, 분모가 가장

큰 $\frac{5}{13}$ 가 가장 작은 수입니다.

➡ $\dfrac{5}{6} \div \dfrac{5}{13} = \dfrac{5}{6} \times \dfrac{13}{\underset{1}{5}}$

$\quad\quad = \dfrac{13}{6} = 2\dfrac{1}{6}$

2 (사과 한 상자의 무게)

$= (\frac{5}{6}$ 상자에 들어 있는 사과의 무게$) \div \frac{5}{6}$

$= 9 \div \dfrac{5}{6} = 9 \times \dfrac{6}{5}$

$= \dfrac{54}{5} = 10\dfrac{4}{5}$ (kg)

3 (진선이가 걸은 거리) ÷ (은성이가 걸은 거리)

$= \dfrac{7}{8} \div \dfrac{5}{16} = \dfrac{7}{8} \times \dfrac{\overset{2}{16}}{5}$

$= \dfrac{14}{5} = 2\dfrac{4}{5}$ (배)

• 개념알기 개념 **3** 10쪽

1 (1) $2\dfrac{2}{3}$ (2) $1\dfrac{4}{5}$ **2** 7500원   **3** $\dfrac{65}{99}$ m

1 (1) $3\dfrac{1}{9} \div 1\dfrac{1}{6} = \dfrac{28}{9} \div \dfrac{7}{6}$

$= \dfrac{\overset{4}{28}}{\underset{3}{9}} \times \dfrac{\overset{2}{6}}{\underset{1}{7}} = \dfrac{8}{3} = 2\dfrac{2}{3}$

(2) $4\dfrac{4}{5} \div 2\dfrac{2}{3} = \dfrac{24}{5} \div \dfrac{8}{3}$

$= \dfrac{\overset{3}{24}}{5} \times \dfrac{3}{\underset{1}{8}} = \dfrac{9}{5} = 1\dfrac{4}{5}$

2 (아이스크림 1 kg의 가격)

$= ($아이스크림 $\frac{3}{5}$ kg의 가격$) \div \dfrac{3}{5}$

$= 4500 \div \dfrac{3}{5}$

$= \overset{1500}{4500} \times \dfrac{5}{\underset{1}{3}} = 7500$(원)

3 (통나무 1 kg의 길이)

$= ($통나무 $4\frac{2}{5}$ kg의 길이$) \div 4\dfrac{2}{5}$

$= 2\dfrac{8}{9} \div 4\dfrac{2}{5} = \dfrac{26}{9} \div \dfrac{22}{5}$

$= \dfrac{\overset{13}{26}}{9} \times \dfrac{5}{\underset{11}{22}} = \dfrac{65}{99}$ (m)

• 개념 응용하기 응용 **3** 11쪽

$$\frac{3}{5},\ 13,\ \frac{3}{5},\ 13,\ \frac{5}{3},\ \frac{13}{3},\ 4\frac{1}{3}\ /\ \frac{3}{4},\ 16,\ \frac{3}{4},\ 16,\ \frac{4}{3},\ \frac{64}{15},$$

$$4\frac{4}{15}\ /\ 4\frac{1}{3},\ 4\frac{4}{15},\ \frac{1}{15}$$

1 $6\dfrac{5}{12}$ **2** $1\dfrac{1}{9}$ **3** $4\dfrac{1}{20}$ 분

1 ㉠ $6\dfrac{3}{4} \div 1\dfrac{4}{5} = \dfrac{27}{4} \div \dfrac{9}{5}$

$= \dfrac{\overset{3}{27}}{4} \times \dfrac{5}{\underset{1}{9}} = \dfrac{15}{4} = 3\dfrac{3}{4}$

$\bigcirc$ $3\frac{1}{9} \div 1\frac{1}{6} = \frac{28}{9} \div \frac{7}{6}$

$\qquad = \frac{\overset{4}{\cancel{28}}}{\cancel{9}_{3}} \times \frac{\overset{2}{\cancel{6}}}{\cancel{7}_{1}} = \frac{8}{3} = 2\frac{2}{3}$

➡ $3\frac{3}{4} + 2\frac{2}{3} = 3\frac{9}{12} + 2\frac{8}{12} = 5\frac{17}{12} = 6\frac{5}{12}$

2 $\square \times 1\frac{1}{14} = 1\frac{4}{21}$

➡ $\square = 1\frac{4}{21} \div 1\frac{1}{14} = \frac{25}{21} \div \frac{15}{14}$

$\qquad = \frac{\overset{5}{\cancel{25}}}{\cancel{21}_{3}} \times \frac{\overset{2}{\cancel{14}}}{\cancel{15}_{3}} = \frac{10}{9} = 1\frac{1}{9}$

3 $(5\frac{2}{5}$ km를 가는 데 걸리는 시간)

$= 5\frac{2}{5} \div (1$분 동안 갈 수 있는 거리)

$= 5\frac{2}{5} \div 1\frac{1}{3} = \frac{27}{5} \div \frac{4}{3}$

$= \frac{27}{5} \times \frac{3}{4} = \frac{81}{20} = 4\frac{1}{20}$(분)

LEVEL 1 12~13쪽

01 $\frac{9}{12} \div \frac{7}{12} = 1\frac{2}{7}$, $\frac{9}{10} \div \frac{7}{10} = 1\frac{2}{7}$

02 $\bigcirc$ **03** $1\frac{7}{8}$ m **04** 11일

05 $1\frac{1}{9}$ km, $\frac{14}{15}$ km **06** 240 m²

07 $2\frac{19}{51}$ **08** $9\frac{7}{8} \div \frac{2}{5} = 24\frac{11}{16}$, $24\frac{11}{16}$

---

01 분모가 13보다 작은 짝수이므로 가능한 분모는 2, 4, 6, 8, 10, 12입니다.
진분수의 나눗셈이므로 가능한 분모는 10, 12입니다.
따라서 만들 수 있는 나눗셈식은

$\frac{9}{12} \div \frac{7}{12} = 9 \div 7 = \frac{9}{7} = 1\frac{2}{7}$,

$\frac{9}{10} \div \frac{7}{10} = 9 \div 7 = \frac{9}{7} = 1\frac{2}{7}$입니다.

---

02 $\bigcirc$ $\frac{4}{5} \div \frac{7}{5} = 4 \div 7 = \frac{4}{7} < 1$

$\bigcirc$ $\frac{3}{8} \div \frac{3}{4} = \frac{3}{8} \div \frac{6}{8} = 3 \div 6 = \frac{1}{2} < 1$

$\bigcirc$ $\frac{3}{5} \div \frac{4}{9} = \frac{3}{5} \times \frac{9}{4} = \frac{27}{20} = 1\frac{7}{20} > 1$

$\bigcirc$ $\frac{1}{4} \div \frac{5}{8} = \frac{1}{\cancel{4}_{1}} \times \frac{\overset{2}{\cancel{8}}}{5} = \frac{2}{5} < 1$

따라서 계산 결과가 1보다 큰 것은 $\bigcirc$입니다.

---

03 (평행사변형의 넓이)=(높이)×(밑변의 길이)이므로
$1\frac{1}{2} = \frac{4}{5} \times$ (밑변의 길이)입니다.

(밑변의 길이)$= 1\frac{1}{2} \div \frac{4}{5} = \frac{3}{2} \times \frac{5}{4}$

$\qquad = \frac{15}{8} = 1\frac{7}{8}$ (m)

---

04 포도 주스 2 L 중 $\frac{4}{13}$ L를 마셨으므로

(남은 포도 주스)$= 2 - \frac{4}{13}$

$\qquad = \frac{26}{13} - \frac{4}{13} = \frac{22}{13}$ (L)

하루에 $\frac{2}{13}$ L씩 마신다면

$\frac{22}{13} \div \frac{2}{13} = 22 \div 2 = 11$(일) 동안 마실 수 있습니다.

---

05 지현이는 $\frac{7}{9}$ km를 도는 데 $\frac{7}{10}$시간이 걸리므로
(지현이가 1시간 동안 갈 수 있는 거리)

$= \frac{7}{9} \div \frac{7}{10} = \frac{\overset{1}{\cancel{7}}}{9} \times \frac{10}{\cancel{7}_{1}}$

$= \frac{10}{9} = 1\frac{1}{9}$ (km)

영건이는 $\frac{7}{9}$ km를 도는 데 $\frac{5}{6}$시간이 걸리므로
(영건이가 1시간 동안 갈 수 있는 거리)

$= \frac{7}{9} \div \frac{5}{6} = \frac{7}{\cancel{9}_{3}} \times \frac{\overset{2}{\cancel{6}}}{5} = \frac{14}{15}$ (km)

06 국화를 심은 부분은 화단 전체의 $1-\dfrac{3}{7}=\dfrac{4}{7}$ 입니다.

(화단 전체의 넓이)$=320\div\dfrac{4}{7}$

$=\overset{80}{320}\times\dfrac{7}{\underset{1}{4}}=560\ (\text{m}^2)$

튤립은 화단 전체의 $\dfrac{3}{7}$ 에 심었으므로

(튤립을 심은 부분의 넓이)$=\overset{80}{560}\times\dfrac{3}{\underset{1}{7}}=240\ (\text{m}^2)$

07 어떤 수를 □라 하면

$\square\times1\dfrac{5}{12}=2\dfrac{3}{4}$ 입니다.

$\square=2\dfrac{3}{4}\div1\dfrac{5}{12}=\dfrac{11}{4}\div\dfrac{17}{12}$

$=\dfrac{11}{\underset{1}{4}}\times\overset{3}{\dfrac{12}{17}}=\dfrac{33}{17}=1\dfrac{16}{17}$

어떤 수 $1\dfrac{16}{17}$ 을 $\dfrac{9}{11}$ 로 나눈 값은

$1\dfrac{16}{17}\div\dfrac{9}{11}=\dfrac{33}{17}\div\dfrac{9}{11}$

$=\overset{11}{\dfrac{33}{17}}\times\dfrac{11}{\underset{3}{9}}$

$=\dfrac{121}{51}=2\dfrac{19}{51}$

08 수 카드 중 가장 큰 수인 9를 대분수의 자연수에 놓고 나머지 수 카드로 만들 수 있는 가장 큰 진분수는 $\dfrac{7}{8}$ 이므로 만들 수 있는 가장 큰 대분수는 $9\dfrac{7}{8}$ 입니다.

남은 수 카드 2장으로 만든 진분수는 $\dfrac{2}{5}$ 입니다.

$9\dfrac{7}{8}\div\dfrac{2}{5}=\dfrac{79}{8}\div\dfrac{2}{5}$

$=\dfrac{79}{8}\times\dfrac{5}{2}$

$=\dfrac{395}{16}=24\dfrac{11}{16}$

LEVEL 2

01 5   **02** 60 km   **03** 210쪽

04 $8\div3\dfrac{5}{6}=2\dfrac{2}{23}$, $2\dfrac{2}{23}$ **05** $1\dfrac{1}{2}$ cm

06 >   **07** 90대   **08** $1\dfrac{2}{3}$ kg

09 $5\dfrac{1}{4}$

01 $3\dfrac{2}{3}\div\dfrac{5}{8}=\dfrac{11}{3}\times\dfrac{8}{5}=\dfrac{88}{15}=5\dfrac{13}{15}$

$5\dfrac{13}{15}>\square$ 의 □ 안에 들어갈 수 있는 자연수는 1, 2, 3, 4, 5입니다.

따라서 □ 안에 들어갈 수 있는 가장 큰 수는 5입니다.

02 (휘발유 1 L로 갈 수 있는 거리)

$=6\dfrac{6}{7}\div\dfrac{4}{5}=\dfrac{48}{7}\div\dfrac{4}{5}$

$=\overset{12}{\dfrac{48}{7}}\times\dfrac{5}{\underset{1}{4}}=\dfrac{60}{7}=8\dfrac{4}{7}\ (\text{km})$

(휘발유 7 L로 갈 수 있는 거리)

$=$ (휘발유 1 L로 갈 수 있는 거리)$\times7$

$=8\dfrac{4}{7}\times7=\dfrac{60}{\underset{1}{7}}\times\overset{1}{7}=60\ (\text{km})$

03 아침에 읽고 남은 쪽수는 전체의 $1-\dfrac{1}{5}=\dfrac{4}{5}$ 입니다.

점심시간에 읽은 쪽수는 전체의 $\dfrac{4}{5}\times\dfrac{1}{4}=\dfrac{1}{5}$ 입니다.

점심시간까지 읽고 남은 쪽수는 전체의

$1-\dfrac{1}{5}-\dfrac{1}{5}=\dfrac{3}{5}$ 입니다.

남은 쪽수가 126쪽이므로 동화책 전체가 □쪽이라 하면

$\square\times\dfrac{3}{5}=126$

$\square=126\div\dfrac{3}{5}=\overset{42}{126}\times\dfrac{5}{\underset{1}{3}}=210$

따라서 동화책 전체는 210쪽입니다.

04 몫이 가장 크게 되기 위해서는 나누어지는 수가 가능한 커야 하고, 나누는 수는 가능한 작아야 합니다.
나누어지는 수는 가장 큰 수인 8을, 나누는 수는 나머지 수 카드 3장으로 만들 수 있는 대분수 중 가장 작은 수인 $3\frac{5}{6}$입니다.

$$\Rightarrow 8 \div 3\frac{5}{6} = 8 \div \frac{23}{6}$$
$$= 8 \times \frac{6}{23}$$
$$= \frac{48}{23} = 2\frac{2}{23}$$

05 (삼각형의 넓이)=(밑변의 길이)×(높이)÷2이므로
(높이)=(삼각형의 넓이)×2÷(밑변의 길이)

$$= 1\frac{1}{6} \times 2 \div 1\frac{5}{9}$$
$$= \frac{7}{6} \times 2 \div \frac{14}{9}$$
$$= \frac{\overset{1}{\cancel{14}}}{\underset{2}{\cancel{6}}} \times \frac{\overset{3}{\cancel{9}}}{\underset{1}{\cancel{14}}}$$
$$= \frac{3}{2} = 1\frac{1}{2} \text{ (cm)}$$

06 규칙에 맞게 주어진 식을 계산합니다.

$$1\frac{4}{9} \circledcirc \frac{5}{18} = 1\frac{4}{9} \div \frac{5}{18} \div \frac{5}{18}$$
$$= \frac{13}{\underset{1}{\cancel{9}}} \times \frac{\overset{2}{\cancel{18}}}{5} \times \frac{18}{5}$$
$$= \frac{468}{25} = 18\frac{18}{25}$$
$$2\frac{1}{7} \circledcirc \frac{5}{14} = 2\frac{1}{7} \div \frac{5}{14} \div \frac{5}{14}$$
$$= \frac{\overset{3}{\cancel{15}}}{\underset{1}{\cancel{7}}} \times \frac{\overset{2}{\cancel{14}}}{\underset{1}{\cancel{5}}} \times \frac{14}{5}$$
$$= \frac{84}{5} = 16\frac{4}{5}$$

따라서 $18\frac{18}{25} > 16\frac{4}{5}$이므로

$$1\frac{4}{9} \circledcirc \frac{5}{18} > 2\frac{1}{7} \circledcirc \frac{5}{14} \text{입니다.}$$

07 자동차 1대를 생산하는 데 $3\frac{4}{5}$시간이 걸리므로
(하루 동안 생산할 수 있는 자동차 수)

$$= 11\frac{2}{5} \div 3\frac{4}{5} = \frac{57}{5} \div \frac{19}{5}$$
$$= 57 \div 19 = 3\text{(대)}$$

(30일 동안 생산할 수 있는 자동차 수)
$$= 3 \times 30 = 90\text{(대)}$$

08 현성이가 반죽한 밀가루의 양은 $1\frac{4}{5}$ kg입니다.
(현성이가 반죽한 밀가루의 양)

$$= \text{(어머니가 반죽한 밀가루의 양)} \times \frac{4}{5} + \frac{7}{15} \text{이므로}$$
$$1\frac{4}{5} = \frac{4}{5} \times \text{(어머니가 반죽한 밀가루의 양)} + \frac{7}{15}$$
$$\frac{4}{5} \times \text{(어머니가 반죽한 밀가루의 양)}$$
$$= 1\frac{4}{5} - \frac{7}{15} = 1\frac{12}{15} - \frac{7}{15}$$
$$= 1\frac{5}{15} = 1\frac{1}{3}$$

(어머니가 반죽한 밀가루의 양)

$$= 1\frac{1}{3} \div \frac{4}{5} = \frac{4}{3} \times \frac{5}{\underset{1}{\cancel{4}}}$$
$$= \frac{5}{3} = 1\frac{2}{3} \text{ (kg)}$$

09 어떤 분수를 $\dfrac{\blacklozenge}{\bullet}$라 하면

$$\frac{\blacklozenge}{\bullet} \div \frac{3}{4} = \frac{\blacklozenge}{\bullet} \times \frac{4}{3}$$
$$\frac{\blacklozenge}{\bullet} \div \frac{7}{8} = \frac{\blacklozenge}{\bullet} \times \frac{8}{7}$$

계산 결과가 자연수이려면 $\bullet$는 4와 8의 공약수이고, $\blacklozenge$는 3과 7의 공배수입니다.
크기가 가장 작은 분수이어야 하므로 $\bullet$는 4와 8의 최대공약수인 4이고, $\blacklozenge$는 3과 7의 최소공배수인 21입니다.
따라서 어떤 분수 중 크기가 가장 작은 수는

$$\frac{21}{4} = 5\frac{1}{4} \text{입니다.}$$

LEVEL 3

01 1시간 50분 **02** 108 cm **03** $4\frac{4}{9}$ m

04 35 L **05** $1\frac{2}{3}$배 **06** 3시간 36분

07 14시간 40분 **08** $1\frac{29}{36}$ **09** $\frac{1}{2}$

---

01 $1\frac{1}{5}$ cm가 남으려면 $3\frac{2}{5}-1\frac{1}{5}=2\frac{1}{5}$ (cm)가 타야 합니다.

10분마다 $\frac{1}{5}$ cm가 타므로 $2\frac{1}{5}$ cm가 타려면

$2\frac{1}{5}\div\frac{1}{5}=\frac{11}{5}\div\frac{1}{5}=11$에서

10분의 11배인 110분=1시간 50분이 걸립니다.

02 전체 길이의 $1-\frac{7}{12}=\frac{12}{12}-\frac{7}{12}=\frac{5}{12}$는

$27+18=45$(cm)입니다.

(전체 길이)$=45\div\frac{5}{12}=\overset{9}{45}\times\frac{12}{5}=108$ (cm)

03 처음 공을 떨어뜨린 높이를 $\square$ m라 하면

$\square\times\frac{3}{4}\times\frac{3}{4}=2\frac{1}{2}$

$\square\times\frac{9}{16}=2\frac{1}{2}$

$\square=2\frac{1}{2}\div\frac{9}{16}=\frac{5}{2}\times\frac{\overset{8}{16}}{9}=\frac{40}{9}=4\frac{4}{9}$

따라서 처음 공을 떨어뜨린 높이는 $4\frac{4}{9}$ m입니다.

04 1시간=60분이므로 36분$=\frac{36}{60}$시간$=\frac{3}{5}$시간입니다.

(한 시간 동안 나오는 물의 양)

$=3\frac{1}{2}\div\frac{3}{5}=\frac{7}{2}\times\frac{5}{3}=\frac{35}{6}=5\frac{5}{6}$ (L)

(6시간 동안 받을 수 있는 물의 양)

$=5\frac{5}{6}\times6=\frac{35}{6}\times\overset{1}{6}=35$ (L)

05 21.1km을 분수로 바꾸면 $21\frac{1}{10}$ km입니다.

가 선수는 $1\frac{3}{10}$시간 동안 $21\frac{1}{10}$ km를 달렸으므로

(가 선수가 1시간 동안 달린 거리)

$=21\frac{1}{10}\div1\frac{3}{10}=\frac{211}{10}\div\frac{13}{10}$

$=\frac{211}{\underset{1}{10}}\times\frac{\overset{1}{10}}{13}=\frac{211}{13}=16\frac{3}{13}$ (km)

나 선수는 $2\frac{1}{6}$시간 동안 $21\frac{1}{10}$ km를 달렸으므로

(나 선수가 1시간 동안 달린 거리)

$=21\frac{1}{10}\div2\frac{1}{6}=\frac{211}{10}\div\frac{13}{6}$

$=\frac{211}{\underset{5}{10}}\times\frac{\overset{3}{6}}{13}=\frac{633}{65}=9\frac{48}{65}$ (km)

(가 선수가 1시간 동안 달린 거리)

$\div$(나 선수가 1시간 동안 달린 거리)

$=16\frac{3}{13}\div9\frac{48}{65}=\frac{211}{13}\div\frac{633}{65}$

$=\frac{\overset{1}{211}}{\underset{1}{13}}\times\frac{\overset{5}{65}}{\underset{3}{633}}$

$=\frac{5}{3}=1\frac{2}{3}$(배)

따라서 가 선수가 1시간 동안 달린 거리는 나 선수가 1시간 동안 달린 거리의 $1\frac{2}{3}$배입니다.

06 ㉮ 기계로 1분 동안 만들 수 있는 인형은 $\frac{1}{4}$개이고,

㉯ 시계로 1분 동안 만들 수 있는 인형은 $\frac{1}{6}$개이므로

(㉮와 ㉯ 두 기계로 1분 동안 만들 수 있는 인형 수)

$=\frac{1}{4}+\frac{1}{6}=\frac{3}{12}+\frac{2}{12}=\frac{5}{12}$(개)

(인형 90개를 만드는 데 걸리는 시간)

$=90\div\frac{5}{12}=\overset{18}{90}\times\frac{12}{5}=216$(분)

1시간=60분이므로

216분=3시간 36분이 걸립니다.

07 낮의 길이가 □시간이라 하면

밤의 길이는 $\square \times \dfrac{7}{11}$입니다.

하루는 24시간이므로

$\square + \square \times \dfrac{7}{11} = 24$, $\square \times 1\dfrac{7}{11} = 24$

$\square = 24 \div 1\dfrac{7}{11} = 24 \div \dfrac{18}{11}$

$= \overset{4}{24} \times \dfrac{11}{\underset{3}{18}} = \dfrac{44}{3} = 14\dfrac{2}{3}$

따라서 낮의 길이는

$14\dfrac{2}{3}$시간 $= 14$시간 40분입니다.

08 두 분수를 각각 ◆, ●로 나타내면

$\spadesuit + \bullet = 6\dfrac{11}{15}$, $\spadesuit - \bullet = 1\dfrac{14}{15}$입니다.

두 식을 각각 더하면

$\spadesuit + \spadesuit = 6\dfrac{11}{15} + 1\dfrac{14}{15} = 7\dfrac{25}{15} = 8\dfrac{10}{15} = 8\dfrac{2}{3}$

$\spadesuit = 8\dfrac{2}{3} \div 2 = \dfrac{26}{3} \div 2 = \dfrac{13}{3} = 4\dfrac{1}{3}$

$\spadesuit + \bullet = 6\dfrac{11}{15}$이므로

$\bullet = 6\dfrac{11}{15} - \spadesuit = 6\dfrac{11}{15} - 4\dfrac{1}{3}$

$= 6\dfrac{11}{15} - 4\dfrac{5}{15} = 2\dfrac{6}{15} = 2\dfrac{2}{5}$

두 수 중 큰 수를 작은 수로 나누면

$4\dfrac{1}{3} \div 2\dfrac{2}{5} = \dfrac{13}{3} \div \dfrac{12}{5}$

$= \dfrac{13}{3} \times \dfrac{5}{12} = \dfrac{65}{36} = 1\dfrac{29}{36}$

09 주어진 수의 분모를 250으로 통분해서 규칙을 알아봅니다.

$\dfrac{1}{250}$, $\dfrac{2}{250}$, ㉮, $\dfrac{4}{250}$, $\dfrac{5}{250}$, ㉯ ……

㉮ $= \dfrac{3}{250}$, ㉯ $= \dfrac{6}{250} = \dfrac{3}{125}$이므로

㉮ $\div$ ㉯ $= \dfrac{3}{250} \div \dfrac{3}{125} = \dfrac{\overset{1}{3}}{\underset{2}{250}} \times \dfrac{\overset{1}{125}}{\underset{1}{3}} = \dfrac{1}{2}$

LEVEL 4

01 $\dfrac{1}{3}$배　**02** 12쌍　**03** 221 g　**04** $3\dfrac{4}{7}$ L

05 500쪽　**06** 9 cm　**07** 72점　**08** $\dfrac{34}{53}$배

01 영화를 관람하는 데 사용한 용돈은 전체의 $\dfrac{1}{3}$이므로

햄버거를 사먹은 용돈은 전체의

$\left(1 - \dfrac{1}{3}\right) \times \dfrac{3}{4} = \dfrac{\overset{1}{2}}{3} \times \dfrac{3}{\underset{2}{4}} = \dfrac{1}{2}$입니다.

저축을 한 용돈은 전체의

$1 - \dfrac{1}{3} - \dfrac{1}{2} = \dfrac{1}{6}$입니다.

따라서 저축한 돈은 햄버거를 사먹은 돈의

$\dfrac{1}{6} \div \dfrac{1}{2} = \dfrac{1}{\underset{3}{6}} \times \overset{1}{2} = \dfrac{1}{3}$(배)입니다.

02 $9 \div \dfrac{\blacksquare}{8} = 9 \times \dfrac{8}{\blacktriangle} = \dfrac{72}{\blacktriangle}$

$\dfrac{72}{\blacktriangle}$가 자연수가 되려면 ▲는 72의 약수이어야 합니다.

72의 약수는 1, 2, 3, 4, 6, 8, 9, 12, 18, 24, 36, 72이므로 ▲와 ■에 알맞은 수의 쌍은

(1, 72), (2, 36), (3, 24), (4, 18), (6, 12), (8, 9), (9, 8), (12, 6), (18, 4), (24, 3), (36, 2), (72, 1)로 12쌍입니다.

03 어항에 물을 가득 채웠을 때

물 전체의 $\dfrac{5}{8} \times \dfrac{3}{\underset{2}{10}} = \dfrac{3}{16}$의 무게가

$941 - 725 = 216$ (g)입니다.

빈 어항에 물을 가득 채웠을 때 물의 무게를 □ g이라 하면

$\square \times \dfrac{3}{16} = 216$

$\square = 216 \div \dfrac{3}{16} = \overset{72}{216} \times \dfrac{16}{\underset{1}{3}} = 1152$

(어항 전체의 $\frac{5}{8}$만큼 넣은 물의 무게)

$=1\overset{144}{1}52\times\frac{5}{8}=720$ (g)

전체의 $\frac{5}{8}$만큼 물을 넣은 어항의 무게가 941 g이므로

(빈 어항의 무게)$=941-720=221$ (g)

04 (벽 1 m²를 칠하는 데 필요한 페인트의 양)

$=2\frac{1}{7}\div11\frac{2}{3}=\frac{15}{7}\div\frac{35}{3}$

$=\frac{15}{7}\times\frac{3}{35}=\frac{9}{49}$ (L)

(벽 35 m²를 칠하는 데 필요한 페인트의 양)

$=\frac{9}{49}\times35=\frac{45}{7}=6\frac{3}{7}$ (L)

페인트 10 L로 벽 35 m²를 칠하였으므로

(남은 페인트의 양)$=10-6\frac{3}{7}=3\frac{4}{7}$ (L)

05 위인전 전체를 ●쪽이라고 하면

(첫날에 읽은 양)$=●\times\frac{1}{4}$

(둘째날에 읽은 양)$=●\times\frac{3}{5}-70$

(마지막날 읽은 양)$=$(첫째날 읽은 양)$\times\frac{4}{5}+45$

$=\left(●\times\frac{1}{4}\right)\times\frac{4}{5}+45$

$=●\times\frac{1}{5}+45$

위인전을 3일 동안 모두 읽었으므로

$●\times\frac{1}{4}+●\times\frac{3}{5}-70+●\times\frac{1}{5}+45=●$

$●\times1\frac{1}{20}-25=●$

$●\times\frac{1}{20}=25$

$●=25\div\frac{1}{20}=25\times20=500$

따라서 전체 책의 쪽수는 500쪽입니다.

06 (직사각형 ㄱㄴㄷㄹ의 넓이)

$=12\times3\frac{3}{4}=12\times\frac{15}{4}=45$ (cm²)

삼각형 ㄹㅁㄷ의 넓이는 직사각형 ㄱㄴㄷㄹ의 넓이의 $\frac{3}{8}$이므로

(삼각형 ㄹㅁㄷ의 넓이)$=45\times\frac{3}{8}=\frac{135}{8}$

$=16\frac{7}{8}$ (cm²)

(선분 ㅁㄷ의 길이)$=16\frac{7}{8}\times2\div3\frac{3}{4}$

$=\frac{135}{8}\times2\div\frac{15}{4}$

$=\frac{135}{8}\times2\times\frac{4}{15}=9$ (cm)

07 국어 점수를 □점이라 하면

(수학 점수)$=$(국어 점수)$\times1\frac{1}{4}=□\times1\frac{1}{4}$

(과학 점수)$=$(수학 점수)$\times\frac{7}{10}$

$=□\times1\frac{1}{4}\times\frac{7}{10}$

$=□\times\frac{5}{4}\times\frac{7}{10}$

$=□\times\frac{7}{8}$

국어, 수학, 과학 점수의 평균이 75점이므로

(국어 점수)$+$(수학 점수)$+$(과학 점수)

$=75\times3=225$(점)

$□+□\times1\frac{1}{4}+□\times\frac{7}{8}=225$

$□\times3\frac{1}{8}=225$

$□=225\div3\frac{1}{8}=225\div\frac{25}{8}$

$=225\times\frac{8}{25}=72$(점)

따라서 국어 점수는 72점입니다.

08 주어진 4개의 식을 모두 더하면

$3 \times$ 가 $+ 3 \times$ 나 $+ 3 \times$ 다 $+ 3 \times$ 라

$= 13\frac{9}{20} + 15\frac{19}{20} + 16\frac{1}{2} + 17\frac{17}{20} = 63\frac{3}{4}$입니다.

$3 \times ($가$+$나$+$다$+$라$) = 63\frac{3}{4}$

가$+$나$+$다$+$라$= 63\frac{3}{4} \div 3$

$= \overset{85}{\cancel{\frac{255}{4}}} \times \frac{1}{\cancel{3}} = \frac{85}{4} = 21\frac{1}{4}$

나$+$다$+$라$= 17\frac{17}{20}$이므로

가$= ($가$+$나$+$다$+$라$) - ($나$+$다$+$라$)$

$= 21\frac{1}{4} - 17\frac{17}{20} = 21\frac{5}{20} - 17\frac{17}{20}$

$= 20\frac{25}{20} - 17\frac{17}{20}$

$= 3\frac{8}{20} = 3\frac{2}{5}$

가$+$나$+$라$= 15\frac{19}{20}$이므로

다$= ($가$+$나$+$다$+$라$) - ($가$+$나$+$라$)$

$= 21\frac{1}{4} - 15\frac{19}{20} = 21\frac{5}{20} - 15\frac{19}{20}$

$= 20\frac{25}{20} - 15\frac{19}{20} = 5\frac{6}{20} = 5\frac{3}{10}$

가$\div$다$= 3\frac{2}{5} \div 5\frac{3}{10} = \frac{17}{5} \div \frac{53}{10}$

$= \frac{17}{\cancel{5}} \times \frac{\cancel{10}^{2}}{53} = \frac{34}{53}$

따라서 가는 다의 $\frac{34}{53}$배입니다.

LEVEL 종합 20~22쪽

01 2배	**02** 4개	**03** 30조각	**04** 정팔각형
05 $\frac{7}{20}$	**06** 11, 13	**07** $1\frac{3}{4}$ cm	**08** $7\frac{5}{7}$
09 309명	**10** 2시간	**11** 4 m	**12** $\frac{1}{2}$배
13 20 m			

---

01 ㉠ $15 \div \frac{3}{4} = \overset{5}{\cancel{15}} \times \frac{4}{\cancel{3}} = 20$

㉡ $4 \div \frac{2}{5} = \overset{2}{\cancel{4}} \times \frac{5}{\cancel{2}} = 10$

➡ ㉠은 ㉡의 $20 \div 10 = 2$(배)입니다.

02 $14 \div \frac{2}{\square} = \overset{7}{\cancel{14}} \times \frac{\square}{\cancel{2}} = 7 \times \square$

$19 \div \frac{4}{7} = 19 \times \frac{7}{4} = \frac{133}{4} = 33\frac{1}{4}$

$7 \times \square < 33\frac{1}{4}$의 $\square$ 안에 들어갈 수 있는 수는 1, 2, 3, 4로 4개입니다.

03 ㉮ 모둠의 피자는 $3 \div \frac{1}{4} = 12$(조각)입니다.

㉯ 모둠의 피자는 $3 \div \frac{1}{6} = 18$(조각)입니다.

➡ $12 + 18 = 30$(조각)

04 정다각형의 한 변의 길이는 모두 같습니다.

(정다각형의 둘레)$\div$(한 변의 길이)

$= 4\frac{4}{7} \div \frac{4}{7} = \frac{32}{7} \div \frac{4}{7} = 8$

따라서 정팔각형입니다.

05 어떤 수를 $\square$라 하면

$\frac{7}{12} \times \square = \frac{35}{36}$

$\square = \frac{35}{36} \div \frac{7}{12} = \frac{\overset{5}{\cancel{35}}}{\cancel{36}_{3}} \times \frac{\cancel{12}^{1}}{\cancel{7}}$

$= \frac{5}{3} = 1\frac{2}{3}$

바르게 계산하면

$\frac{7}{12} \div 1\frac{2}{3} = \frac{7}{12} \div \frac{5}{3}$

$= \frac{7}{\cancel{12}_{4}} \times \frac{\cancel{3}^{1}}{5} = \frac{7}{20}$

06 $\dfrac{3}{8} \div \dfrac{5}{8} = 3 \div 5 = \dfrac{3}{5}$

$1\dfrac{7}{10} \div 1\dfrac{8}{9} = \dfrac{17}{10} \div \dfrac{17}{9} = \dfrac{\overset{1}{17}}{10} \times \dfrac{9}{\underset{1}{17}} = \dfrac{9}{10}$

$\dfrac{3}{5} < \dfrac{\square}{15} < \dfrac{9}{10}$의 분모를 30으로 통분하면

$\dfrac{18}{30} < \dfrac{\square \times 2}{30} < \dfrac{27}{30}$

$18 < \square \times 2 < 27$의 $\square$ 안에 알맞은 수는 10, 11, 12, 13입니다.

따라서 $\dfrac{\square}{15}$가 기약분수이므로 $\square$ 안에 들어갈 수 있는 자연수는 11, 13입니다.

07 (사다리꼴의 넓이)

$= \{(윗변) + (아랫변)\} \times (높이) \div 2$이므로

아랫변의 길이를 $\square$ cm라 하면

$\left(2\dfrac{5}{8} + \square\right) \times 2\dfrac{1}{5} \div 2 = 4\dfrac{13}{16}$입니다.

$\left(2\dfrac{5}{8} + \square\right) \times 2\dfrac{1}{5} = 4\dfrac{13}{16} \times 2 = 9\dfrac{5}{8}$

$2\dfrac{5}{8} + \square = 9\dfrac{5}{8} \div 2\dfrac{1}{5} = \dfrac{\overset{7}{77}}{8} \times \dfrac{5}{\underset{1}{11}} = \dfrac{35}{8} = 4\dfrac{3}{8}$

$\square = 4\dfrac{3}{8} - 2\dfrac{5}{8} = 3\dfrac{11}{8} - 2\dfrac{5}{8} = 1\dfrac{3}{4}$

따라서 아랫변의 길이는 $1\dfrac{3}{4}$ cm입니다.

08 구하려는 분수를 $\dfrac{\blacktriangle}{\blacksquare}$라 하면

$\dfrac{\blacktriangle}{\blacksquare} \div 1\dfrac{13}{14} = \dfrac{\blacktriangle}{\blacksquare} \div \dfrac{27}{14} = \dfrac{\blacktriangle}{\blacksquare} \times \dfrac{14}{27}$

$\dfrac{\blacktriangle}{\blacksquare} \div 2\dfrac{4}{7} = \dfrac{\blacktriangle}{\blacksquare} \div \dfrac{18}{7} = \dfrac{\blacktriangle}{\blacksquare} \times \dfrac{7}{18}$

계산 결과가 자연수이므로 $\blacktriangle$는 27과 18의 공배수이고 $\blacksquare$는 14와 7의 공약수입니다.

$\dfrac{\blacktriangle}{\blacksquare}$가 가장 작은 분수가 되어야 하므로

$\dfrac{\blacktriangle}{\blacksquare} = \dfrac{27과\ 18의\ 최소공배수}{14와\ 7의\ 최대공약수} = \dfrac{54}{7}$

따라서 구하려는 분수는 $\dfrac{54}{7} = 7\dfrac{5}{7}$입니다.

09 (줄어든 전체 학생 수) = (줄어든 여학생 수)

$= 584 - 562 = 22$(명)

작년 여학생 수를 $\square$명이라 하면

$\square \times \dfrac{2}{25} = 22$

$\square = 22 \div \dfrac{2}{25} = \overset{11}{22} \times \dfrac{25}{\underset{1}{2}} = 275$

따라서 올해 남학생 수는 작년 남학생 수와 같으므로 $584 - 275 = 309$(명)입니다.

10 1시간 36분$= 1\dfrac{36}{60}$시간$= 1\dfrac{3}{5}$시간이므로

$\left(1\dfrac{3}{5}시간\ 동안\ 탄\ 양초의\ 길이\right)$

$= 15 - 8\dfrac{1}{3} = 14\dfrac{3}{3} - 8\dfrac{1}{3} = 6\dfrac{2}{3}$ (cm)

(한 시간 동안 탄 양초의 길이)

$= 6\dfrac{2}{3} \div 1\dfrac{3}{5} = \dfrac{20}{3} \div \dfrac{8}{5}$

$= \dfrac{\overset{5}{20}}{3} \times \dfrac{5}{\underset{2}{8}} = \dfrac{25}{6} = 4\dfrac{1}{6}$ (cm)

(남은 양초가 모두 타는 데 걸리는 시간)

$= 8\dfrac{1}{3} \div 4\dfrac{1}{6} = \dfrac{25}{3} \div \dfrac{25}{6}$

$= \dfrac{\overset{1}{25}}{\underset{1}{3}} \times \dfrac{\overset{2}{6}}{\underset{1}{25}} = 2$(시간)

11 지수가 처음에 가지고 있던 색 테이프의 길이를 $\square$ m라 하면

$\square \times \left(1 - \dfrac{1}{2}\right) \times \left(1 - \dfrac{2}{5}\right) \times \left(1 - \dfrac{1}{3}\right) = \dfrac{4}{5}$

$\Rightarrow \square \times \dfrac{1}{\underset{1}{2}} \times \dfrac{\overset{}{3}}{5} \times \dfrac{\overset{1}{2}}{\underset{1}{3}} = \dfrac{4}{5}$

$\square \times \dfrac{1}{5} = \dfrac{4}{5}$

$\square = \dfrac{4}{5} \div \dfrac{1}{5} = 4 \div 1 = 4$

따라서 지수가 처음에 가지고 있던 색 테이프는 4 m입니다.

12 (㉠의 넓이)=(나의 넓이)$\times\dfrac{1}{4}$이고

(㉡의 넓이)=(다의 넓이)$\times\dfrac{1}{6}$입니다.

(㉠의 넓이)=(㉡의 넓이)$\times\dfrac{3}{4}$이므로

(나의 넓이)$\times\dfrac{1}{4}$

$=$(다의 넓이)$\times\dfrac{1}{\overset{}{\underset{2}{6}}}\times\dfrac{\overset{1}{3}}{4}$입니다.

(나의 넓이)$\times\dfrac{1}{4}=$(다의 넓이)$\times\dfrac{1}{8}$

(나의 넓이)

$=$(다의 넓이)$\times\dfrac{1}{8}\div\dfrac{1}{4}$

$=$(다의 넓이)$\times\dfrac{1}{\overset{}{\underset{2}{8}}}\times\overset{1}{4}$

$=$(다의 넓이)$\times\dfrac{1}{2}$

따라서 나는 다의 넓이의 $\dfrac{1}{2}$배입니다.

13 처음 공을 떨어뜨린 높이가 □ m라 하면

㉮ 고무공이 세 번째 튀어오른 높이는

$\square\times\dfrac{9}{10}\times\dfrac{9}{10}\times\dfrac{9}{10}=\square\times\dfrac{729}{1000}$이고,

㉯ 고무공이 세 번째 튀어오른 높이는

$\square\times\dfrac{3}{10}\times\dfrac{3}{10}\times\dfrac{3}{10}=\square\times\dfrac{27}{1000}$입니다.

두 공의 높이의 차가 $14\dfrac{1}{25}$ m이므로

$\square\times\dfrac{729}{1000}-\square\times\dfrac{27}{1000}=\dfrac{702}{1000}\times\square=14\dfrac{1}{25}$

$\square=14\dfrac{1}{25}\div\dfrac{702}{1000}=\dfrac{\overset{1}{351}}{\underset{1}{25}}\times\dfrac{\overset{\overset{20}{40}}{1000}}{\underset{\underset{1}{2}}{702}}=20$

따라서 처음 공을 떨어뜨린 높이는 20 m입니다.

소수의 나눗셈
2 단원

● 개념알기 **개념 1** — 24쪽

1 (1) 54, 3, 54, 3, 18 (2) 18, 3, 24, 24
2 (1) 28 (2) 48

1 (1) 분수의 나눗셈으로 바꾸어 계산합니다.
   (2) 소수점을 옮겨 세로로 계산합니다.

2 (1)
```
        2 8
0.3 ) 8.4
        6
      2 4
      2 4
        0
```
(2)
```
          4 8
0.04 ) 1.9 2
        1 6
        3 2
        3 2
          0
```

● 개념 응용하기 **응용 1** — 25쪽

10.4, 12.3, 6.7, 29.4, 29.4, 7

1 18   **2** 6 m   **3** 39조각

1 $17.4\div2.9=174\div29=6$
   $39.12\div3.26=3912\div326=12$
   ➡ $6+12=18$

2 (평행사변형의 넓이)=(밑변)$\times$(높이)이므로
   (높이)=(평행사변형의 넓이)$\div$(밑변)
   $=14.64\div2.44=6$ (m)

3 혜수는 0.16 m씩 잘랐으므로
   (색 테이프의 수)=$3.68\div0.16=23$(조각)
   도영이는 0.23 m씩 잘랐으므로
   (색 테이프의 수)=$3.68\div0.23=16$(조각)
   ➡ $23+16=39$(조각)

개념알기 개념 2

1 (1) 4.2 (2) 1.9

2 (1) 9, 90, 900 (2) 24, 240, 2400

1 (1)
$$8.2\overline{)34.44}$$ 몫 4.2
$$\begin{array}{r} 3\ 2\ 8 \\ \hline 1\ 6\ 4 \\ 1\ 6\ 4 \\ \hline 0 \end{array}$$

(2)
$$5.3\overline{)10.07}$$ 몫 1.9
$$\begin{array}{r} 5\ 3 \\ \hline 4\ 7\ 7 \\ 4\ 7\ 7 \\ \hline 0 \end{array}$$

2 (1) 나누어지는 수가 같을 때 나누는 수가 $\frac{1}{10}$배씩 작아지면 몫은 10배씩 커집니다.

(2) 나누는 수가 같을 때 나누어지는 수가 10배씩 커지면 몫도 10배씩 커집니다.

개념 응용하기 응용 2

10, 12, 22, 22, 4

1 (1) > (2) >   **2** 8.5 kg   **3** 16개

1 (1) $23.94 \div 3.8 = 6.3$

$22.96 \div 4.1 = 5.6$

➡ 6.3 > 5.6

(2) $288 \div 6.4 = 45$

$63 \div 2.25 = 28$

➡ 45 > 28

2 (철근 1 m의 무게)

= (철근의 무게) ÷ (철근의 길이)

= $21.25 \div 2.5 = 8.5$ (kg)

3 (필요한 병의 수)

= (오늘 짠 우유의 양) ÷ (나누어 담을 우유의 양)

= $20 \div 1.25 = 16$(개)

개념알기 개념 3

1 (1) 4 (2) 3.7   **2** 8, 2.5

1 $2.6 \div 0.7 = 3.71428 \cdots$

(1) 소수 첫째 자리 숫자가 7이므로 올림합니다.

➡ 4

(2) 소수 둘째 자리 숫자가 1이므로 버림합니다.

➡ 3.7

2 26.5에서 3을 8번 덜어 내고 2.5가 남습니다.

개념 응용하기 응용 3

6.5, 10, 6.5, 10, 6.5

1 0.29   **2** 1.886배   **3** 8상자, 3.7 kg

1 $2 \div 7 = 0.285 \cdots$

소수 셋째 자리 숫자가 5이므로 올림합니다.

➡ 0.29

2 (색연필의 길이) ÷ (크레파스의 길이)

= $13.2 \div 7 = 1.8857 \cdots$

몫의 넷째 자리 숫자가 7이므로 올림합니다.

➡ 1.886배

3
$$6\overline{)51.7}$$ 8 ← 상자 수
$$\begin{array}{r} 4\ 8 \\ \hline 3.7 \end{array}$$ ← 남는 포도의 양

LEVEL 1

01 26   **02** $72.25 \div 0.17 = 425$

03 ㉠, ㉡, ㉢   **04** 10배   **05** 9개   **06** 6.8 cm

07 106개   **08** 9   **09** 140개   **10** 86.67 km

01

$$0.27 \overline{)7.0\,2}$$

calculation:
```
         2 6
0.27 ) 7.0 2
       5 4
       1 6 2
       1 6 2
           0
```

02 7225와 17을 $\frac{1}{100}$배 하면 72.25와 0.17이 됩니다.

➡ 7225÷17=425이므로

72.25÷0.17=425입니다.

03 ㉠ 21.76÷1.28=17

㉡ 74.76÷6.23=12

㉢ 9.02÷0.82=11

몫의 크기가 가장 큰 것부터 차례로 기호를 나열하면

㉠, ㉡, ㉢입니다.

04 ㉠ 15.12÷0.08=189

㉡ 15.12÷0.8=18.9

189는 18.9의 10배입니다.

05 24.44÷2.6=9.4

9.4>□의 □안에 들어갈 수 있는 자연수는 1, 2, 3, 4, 5, 6, 7, 8, 9로 9개입니다.

06 (직사각형의 넓이)＝(가로)×(세로)이므로

직사각형의 가로를 □ cm라 하면

□×4.7＝31.96

□＝31.96÷4.7＝6.8

따라서 직사각형의 가로는 6.8 cm입니다.

07 진수는 우유 54 L를 한 병에 1.8 L씩 담았으므로 우유를 담은 병은 54÷1.8=30(개)이고, 병수는 우유 190 L를 한 병에 2.5 L씩 담았으므로

190÷2.5=76(개)입니다. ➡ 30＋76＝106(개)

08 어떤 수를 □라 하면

□×1.75＝15.75

□＝15.75÷1.75＝9

따라서 어떤 수는 9입니다.

09 (간격 수)＝2056.2÷29.8＝69(개)

도로의 시작점에도 전봇대를 세워야 하므로 도로 한 쪽에 필요한 전봇대는 69＋1＝70(개)입니다.

따라서 도로 양쪽에 필요한 전봇대는

70×2＝140(개)입니다.

10 1시간 30분＝$1\frac{30}{60}$시간＝$1\frac{1}{2}$시간＝1.5시간

자동차가 한 시간 동안 갈 수 있는 거리는

130÷1.5＝86.666……입니다.

소수 셋째 자리 숫자가 6이므로 올림하여 소수 둘째 자리까지 나타내면 86.67 km입니다.

LEVEL 2   32~33쪽

01 ㉢	**02** 12개	**03** 0.05
04 6.5	**05** 11.04 cm	**06** 15
07 1.14배	**08** 9시간 10분	**09** 4

01 ㉠ 458÷56.5=8.1061……

㉡ 소수 둘째 자리가 0이므로 버림합니다.

➡ 8.1

㉢ 소수 셋째 자리가 6이므로 올림합니다.

➡ 8.11

따라서 가장 큰 것은 ㉢입니다.

02 2.34÷0.2=11.7

따라서 딸기 우유를 남김없이 모두 담으려면 컵은 적어도 12개 필요합니다.

03 78.7÷21=3.747……

소수 둘째 자리 숫자가 4이므로 버림합니다.

➡ 3.7

소수 셋째 자리 숫자가 7이므로 올림합니다.

➡ 3.75

따라서 반올림하여 소수 첫째 자리까지 나타낸 수와 소수 둘째 자리까지 나타낸 수의 차는

3.75－3.7＝0.05입니다.

04 어떤 수를 □라 하면

□×7.2=336.96

□=336.96÷7.2=46.8

따라서 바르게 계산하면 46.8÷7.2=6.5입니다.

05 (평행사변형의 넓이)=4.6×6.12=28.152(cm²)

(삼각형의 넓이)=(밑변의 길이)×(높이)÷2

이므로 삼각형의 높이를 □ cm라 하면

5.1×□÷2=28.152

5.1×□=28.152×2=56.304

□=56.304÷5.1=11.04

따라서 삼각형의 높이는 11.04 cm입니다.

06

$$
\begin{array}{r}
\phantom{\boxed{ㄴ}.\boxed{ㄷ})}\boxed{ㄱ}.8 \\
\boxed{ㄴ}.\boxed{ㄷ})\overline{7.\boxed{ㄹ}4} \\
6\ 5 \\
\hline
\boxed{ㅁ}\ \boxed{ㅂ}\ 4 \\
1\ 0\ 4 \\
\hline
0
\end{array}
$$

ㄴㄷ×8=104, ㄴㄷ=13

13×ㄱ=65이므로

ㄱ=5, ㅁ=1, ㅂ=0, ㄹ=5입니다.

➡ 5+1+3+5+1+0=15

07 1반 30명의 수학 총 점수는 2400.6점이므로

(1반의 평균 점수)=2400.6÷30=80.02(점)

2반 25명의 수학 총 점수는 2287.5점이므로

(2반의 평균 점수)=2287.5÷25=91.5(점)

(2반의 평균 점수)÷(1반의 평균 점수)

=91.5÷80.02=1.143……

소수 셋째 자리 숫자가 3이므로 버림합니다. ➡ 1.14배

08 11.25 cm가 남을 때까지 타야 할 양초의 길이는

25-11.25=13.75 (cm)입니다.

8분 동안 0.2 cm씩 타므로

(1분 동안 타는 양초의 길이)

=0.2÷8=0.025 (cm)

(양초가 13.75 cm 타는 데 걸리는 시간)

=13.75÷0.025=550(분)

따라서 550분=9시간 10분이 지나면 11.25 cm가 남게 됩니다.

09 몫이 가장 크려면 가능한 큰 수를 가능한 작은 수로 나누어야 합니다.

9.75÷2.3=4.239……

소수 셋째 자리 숫자가 9이므로 올림합니다.

➡ 4.24

소수 둘째 자리 숫자는 4입니다.

LEVEL **3**   34~35쪽

01 35그루   **02** 7번   **03** 7개

04 1.98 L   **05** 5시간 45분   **06** 1.12배

07 3.68 kg   **08** 18.981배

01 (필요한 나무 수)=(호수의 둘레)÷(간격)

=148.4÷4.24=35(그루)

02 (자른 부분의 길이)=5.98-0.73=5.25 (m)

5.25÷0.75=7(번) 자른 것입니다.

03 420.66÷5.13=82

107.16÷1.2=89.3

82<□<89.3의 □ 안에 들어갈 수 있는 자연수는

83, 84, 85, 86, 87, 88, 89로 7개입니다.

04 (생수 3통의 들이)=21.34×3=64.02 (L)

$$
\begin{array}{r}
2\ 1 \\
3)\overline{6\ 4.0\ 2} \\
6 \\
\hline
4 \\
3 \\
\hline
1.0\ 2
\end{array}
$$

64.02 L에서 3 L씩 21번 덜어 내고 나면 1.02 L가 남습니다.

따라서 생수를 3 L씩 남김없이 모두 나누어 주려면

3-1.02=1.98 (L)가 더 있어야 합니다.

05 3시간 24분$=3\dfrac{24}{60}$시간$=3\dfrac{4}{10}$시간$=3.4$시간이므로

(1시간 동안 갈 수 있는 거리)

$=224.4\div3.4$

$=66\,(km)$

(379.5 km를 가는 데 걸리는 시간)

$=379.5\div66$

$=5.75$(시간)

따라서 379.5 km를 가는 데

5.75시간$=5\dfrac{75}{100}$시간$=5\dfrac{3}{4}$시간$=5\dfrac{45}{60}$시간

$=5$시간 45분이 걸립니다.

06 (㉮ 직사각형의 가로)$=34.68\div3.4=10.2\,(cm)$

(㉮ 직사각형의 둘레)$=(3.4+10.2)\times2$

$\qquad\qquad\qquad\quad=27.2\,(cm)$

(㉯ 직사각형의 가로)$=56.55\div6.5=8.7\,(cm)$

(㉯ 직사각형의 둘레)$=(6.5+8.7)\times2$

$\qquad\qquad\qquad\quad=30.4\,(cm)$

(㉯ 직사각형의 둘레)$\div$(㉮ 직사각형의 둘레)

$=30.4\div27.2=1.117\cdots\cdots$

소수 셋째 자리 숫자가 7이므로 ㉯ 직사각형의 둘레

는 ㉮ 직사각형의 둘레의 1.12배입니다.

07 (주스 2.2 L의 무게)$=6.816-4.66=2.156\,(kg)$

(주스 1 L의 무게)$=2.156\div2.2=0.98\,(kg)$

(주스 5.7 L의 무게)$=0.98\times5.7=5.586\,(kg)$

(빈 병의 무게)$=6.816-5.586=1.23\,(kg)$

따라서 주스 2.5 L가 담긴 병의 무게는

$0.98\times2.5+1.23=3.68\,(kg)$입니다.

08 몫이 가장 큰 경우는 (가장 큰 수)$\div$(가장 작은 수)이

므로 $98.7\div2=49.35$입니다.

몫이 가장 작은 경우는 (가장 작은 수)$\div$(가장 큰 수)

이므로 $23.4\div9=2.6$입니다.

(가장 큰 몫)$\div$(가장 작은 몫)

$=49.35\div2.6=18.9807\cdots\cdots$

소수 넷째 자리 숫자는 7이므로 18.981배입니다.

LEVEL 4

01 0.1775　**02** 9　**03** 91개　**04** 32분 30초

05 오후 5시 1분 48초　**06** 420쪽　**07** 12장

08 9　**09** 0.8, 0.9, 3.2

01 규칙에 따라 계산합니다.

$8☆12.18=(12.18-8)\div8$

$\qquad\qquad=4.18\div8=0.5225$

$7.2☆12.24=(12.24-7.2)\div7.2$

$\qquad\qquad=5.04\div7.2=0.7$

➡ $0.7-0.5225=0.1775$

02 $459\div99=4.636363\cdots\cdots$

소수점 아래 홀수 번째 자리는 6이고 짝수 번째 자리

는 3입니다.

따라서 소수 31번째 자리 숫자는 6이고 소수 32번째

자리 숫자는 3이므로 $6+3=9$입니다.

03 가로와 세로를 각각 3.9 cm로 나누면

(가로)$=50.7\div3.9=13$(개)

(세로)$=27.3\div3.9=7$(개)

따라서 정사각형을 $13\times7=91$(개) 만들 수 있습니다.

04 ㉮ 수도에서 4분 동안 84.4 L가 나오므로

(㉮ 수도에서 1분 동안 나오는 물의 양)

$=84.4\div4=21.1(L)$

㉯ 수도에서 2분 30초 동안 293.2 L가 나오므로

2분 30초$=2\dfrac{30}{60}$분$=2\dfrac{5}{10}$분$=2.5$분이므로

(㉯ 수도에서 1분 동안 나오는 물의 양)

$=293.2\div2.5=117.28\,(L)$

(㉮와 ㉯ 두 수도에서 1분 동안 나오는 물의 양)

$=21.1+117.28=138.38\,(L)$

$4497.35\div138.38=32.5$(분)이므로 4497.35 L를

받는 데 32.5분$=32\dfrac{5}{10}$분$=32\dfrac{30}{60}$분$=32$분 30초

가 걸립니다.

05 (시계가 1일 동안 빨라지는 시간)

$=39.9 \div 9.5 = 4.2$(분)

(29일 동안 빨라지는 시간)$=4.2 \times 29 = 121.8$(분)

121.8분$=120$분$+1$분$+0.8$분$=2$시간 1분 48초

이므로 29일 후 오후 3시에 이 시계가 가리키는 시각

은 오후 3시$+2$시간 1분 48초$=$오후 5시 1분 48초

입니다.

06 정은이가 어제까지 읽고 남은 부분은 전체의

$1-0.25=0.75$이므로

오늘까지 읽고 남은 부분은

$0.75 \times (1-0.4) = 0.75 \times 0.6 = 0.45$입니다.

소설책 전체가 □쪽이라고 하면

$□ \times 0.45 = 189$

$□ = 189 \div 0.45 = 420$

따라서 정은이가 읽고 있는 소설책은 420쪽입니다.

07 색 테이프를 □장을 겹치게 이어 붙였다면

$38 \times □ - 4.2 \times (□-1) = 409.8$

$38 \times □ - 4.2 \times □ + 4.2 = 409.8$

$33.8 \times □ = 405.6$

$□ = 405.6 \div 33.8 = 12$

따라서 색 테이프를 12장을 겹치게 이어 붙였습니다.

08 나눗셈을 몫을 반올림하여 소수 둘째 자리까지 나타

내면 5.25가 되는 수의 범위는 몫이 5.245 이상

5.255 미만입니다.

$7.3□5 \div 1.4 = 5.245$, $7.3□5 \div 1.4 = 5.255$이므

로 $7.3□5$의 범위는

$1.4 \times 5.245 = 7.343$ 이상 $1.4 \times 5.255 = 7.357$ 미

만입니다.

따라서 □ 안에 알맞은 수의 합은 $4+5=9$입니다.

09 가×나의 식과 나×다의 식을 곱하면

가$\times$나$\times$나$\times$다$=0.72 \times 2.88 = 2.0736$

가$\times$다$=2.56$로 나누면

나$\times$나$=2.0736 \div 2.56 = 0.81$이 됩니다.

같은 수를 곱해서 0.81이 되는 숫자는 0.9이므로

나$=0.9$입니다.

가$\times$나$=$가$\times 0.9 = 0.72$이므로

가$=0.72 \div 0.9 = 0.8$입니다.

가$\times$다$=0.8 \times$다$=2.56$이므로

다$=2.56 \div 0.8 = 3.2$입니다.

LEVEL 종합 38~40쪽

01 4.8, 32 **02** 7.8 **03** 30도막 **04** 6000원

05 6 **06** 0.16 m **07** 0.92배 **08** 0.5

09 36000원 **10** 0.8 kg **11** 1.3배 **12** 3시간 24분

13 48분 **14** 16배

01

$$2.8 \overline{)\begin{array}{r} 4.8 \\ 13.44 \\ 11\ 2 \\ \hline 2\ 24 \\ 2\ 24 \\ \hline 0 \end{array}}$$

$$0.42 \overline{)\begin{array}{r} 3\ 2 \\ 13.44 \\ 12\ 6 \\ \hline 8\ 4 \\ 8\ 4 \\ \hline 0 \end{array}}$$

02 $8.4 \times □ = 45.36$

➡ $□ = 45.36 \div 8.4 = 5.4$

$8.88 \div □ = 3.7$

➡ $□ = 8.88 \div 3.7 = 2.4$

□ 안에 알맞은 수의 합은 $5.4 + 2.4 = 7.8$입니다.

03 $144 \div 4.8 = 30$(도막)

04 (양배추 1 kg의 가격)$=4500 \div 0.75 = 6000$(원)

05 $103 \div 6.6 = 15.606060 \cdots\cdots$

몫의 소수 55번째 자리 숫자는 6입니다.

06 (은행나무의 높이)$=$(진수의 키)$\times 6.25$

➡ (진수의 키)$=$(은행나무의 높이)$\div 6.25$

$=9 \div 6.25 = 1.44$ (m)

(소나무의 높이)$=$(혜진이의 키)$\times 2.67$

➡ (혜진이의 키)$=$(소나무의 높이)$\div 2.67$

$=4.272 \div 2.67 = 1.6$ (m)

따라서 진수와 혜진이의 키의 차는

$1.6 - 1.44 = 0.16$ (m)입니다.

07 (고양이의 무게)＋(강아지의 무게)
$=3.42+4.521=7.941$ (kg)
➡ $7.321÷7.941=0.921……$이므로 반올림하여 소수 둘째 자리까지 나타내면 0.92배입니다.

08 어떤 수를 □라 하여 잘못 계산한 식을 세우면
$□×10.8=58.32$
$□=58.32÷10.8=5.4$
따라서 어떤 수는 5.4이므로
바르게 계산하면 $5.4÷10.8=0.5$입니다.

09 (민트맛 아이스크림 1 kg의 가격)
$=12000÷0.75=16000$(원)
(딸기맛 아이스크림 1 kg의 가격)
$=13000÷0.65=20000$(원)
민트맛 아이스크림과 딸기맛 아이스크림을 각각 1 kg씩 살 때 필요한 돈은
$16000+20000=36000$(원)입니다.

10 (석유 2.4 L의 무게)$=6.8-5=1.8$ (kg)
(석유 1 L의 무게)$=1.8÷2.4=0.75$ (kg)
(석유 8 L의 무게)$=0.75×8=6$ (kg)
(빈 통의 무게)
＝(석유 8 L가 들어 있는 통의 무게)－(석유 8 L의 무게)
$=6.8-6=0.8$ (kg)

11 평행사변형과 사다리꼴의 높이를 ■ cm라고 하면
(평행사변형의 넓이)$=3.5×■$
(사다리꼴의 넓이)$=(3.84+5.26)×■÷2$
$=4.55×■$
사다리꼴의 넓이는 평행사변형의 넓이의
$\dfrac{4.55×■}{3.5×■}=4.55÷3.5=1.3$(배)입니다.

12 2시간 48분$=2\dfrac{48}{60}$시간$=2\dfrac{4}{5}$시간$=2\dfrac{8}{10}$시간
$=2.8$시간이므로
(강물이 1시간 동안 갈 수 있는 거리)
$=12.88÷2.8=4.6$ (km)

1시간 30분$=1\dfrac{30}{60}$시간$=1\dfrac{5}{10}$시간
$=1.5$시간이므로
(배가 1시간 동안 갈 수 있는 거리)
$=64.35÷1.5=42.9$ (km)
배가 강물이 흐르는 반대 방향으로 갈 때 한 시간 동안 갈 수 있는 거리는
$42.9-4.6=38.3$ (km)이므로
(배가 130.22 km를 가는 데 걸리는 시간)
$=130.22÷38.3=3.4$(시간)
따라서 3.4시간$=3$시간$+0.4$시간$=3$시간 24분이 걸립니다.

13 12%를 소수로 나타내면 0.12이므로
(가 핸드폰 100%로 사용할 수 있는 시간)
$=1.14÷0.12=9.5$(시간)
40%를 소수로 나타내면 0.4이므로
(나 핸드폰 100%로 사용할 수 있는 시간)
$=3.48÷0.4=8.7$(시간)
➡ 가 핸드폰이 나 핸드폰보다 $9.5-8.7=0.8$(시간), 즉 $0.8×60=48$(분) 더 사용할 수 있습니다.

14 정사각형의 한 변의 길이가 2배씩 늘어나고 있습니다.
(④번 정사각형의 한 변의 길이)
$=12.4×2=24.8$ (cm)
(⑥번 정사각형의 한 변의 길이)
$=24.8×2×2=99.2$ (cm)
(④번 정사각형의 넓이)
$=24.8×24.8=615.04$ (cm²)
(⑥번 정사각형의 넓이)
$=99.2×99.2=9840.64$ (cm²)
따라서 ⑥번 정사각형의 넓이는 ④번 정사각형의 넓이의 $9840.64÷615.04=16$(배)입니다.

3 단원 공간과 입체

● 개념알기 개념 **1**   42쪽

1 (1) 1, 2 (2) 11, 12

2

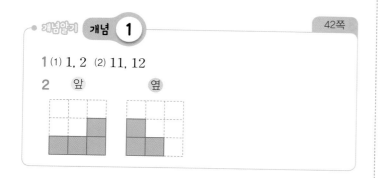

1 보이는 쌓기나무 개수는 10개이고 보이지 않는 쌓기 나무는 1개 또는 2개입니다.
따라서 똑같은 모양으로 쌓는 데 필요한 쌓기나무는 11개 또는 12개입니다.

2 앞에서 본 모양은 왼쪽에서부터 1층, 1층, 2층이고, 옆에서 본 모양은 왼쪽에서부터 2층, 1층입니다.

● 개념 응용하기 응용 **1**   43쪽

없습니다, 5, 있습니다, 6

---

1 정현, 2개   **2** 가

1 진수가 만든 모양은 1층에 5개, 2층에 3개이므로 주어 진 모양과 똑같은 모양으로 쌓는 데 필요한 쌓기나무 는 8개입니다.
정현이가 만든 모양은 1층에 5개, 2층에 4개, 3층에 1개이므로 주어진 모양과 똑같은 모양으로 쌓는 데 필요한 쌓기나무는 10개입니다.
따라서 정현이가 만든 모양이 필요한 쌓기나무가 10−8=2(개) 더 많습니다.

2 앞에서 본 모양은 다음과 같습니다.

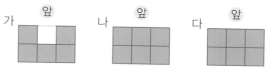

따라서 앞에서 본 모양이 다른 하나는 가입니다.

● 개념알기 개념 **2**   44쪽

1 나   **2**

1

앞에서 본 모양을 보면 ㉠, ㉡, ㉺, ㉪에 쌓인 쌓기나 무는 각각 1개씩입니다.
옆에서 본 모양을 보면 ㉢에 쌓인 쌓기나무는 3개, ㉣ 에 쌓인 쌓기나무는 2개입니다.
따라서 나를 위, 앞, 옆에서 본 모양입니다.

2 각 자리에 놓인 쌓기나무 수를 써 넣습니다.

● 개념 응용하기 응용 **2**   45쪽

1, 3, 2, 8

---

1 다   **2** 5개

3

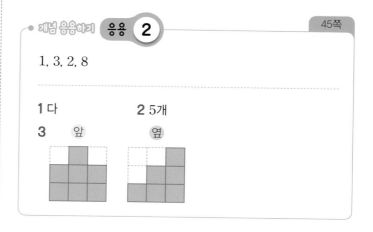

1 위, 앞, 옆에서 본 모양이 가능한 것을 찾으면 다입니 다.

2 위에서 본 모양에 수를 써넣으면 다음과 같습니다.

따라서 똑같은 모양으로 쌓는 데 필요한 쌓기나무는 $1+2+1+1=5$(개)입니다.

3 앞과 옆에서 본 모양은 각 방향에서 가장 높은 층만큼 그립니다.
앞에서 본 모양은 왼쪽에서부터 2층, 3층, 2층이고 옆에서 본 모양은 왼쪽에서부터 1층, 2층, 3층입니다.

46쪽
개념알기 **개념 3**

1 12개 **2** (1) 1개 (2) 2개

1 1층에 6개, 2층에 4개, 3층에 2개이므로 똑같은 모양으로 쌓는 데 필요한 쌓기나무는 모두 $6+4+2=12$(개)입니다.

47쪽
개념 응용하기 **응용 3**

, 5, 3, 1, 9

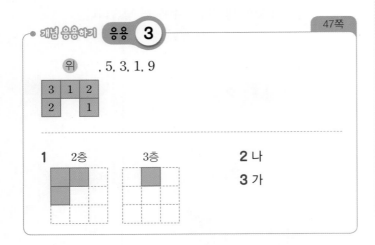
1 2층 3층 **2** 나
3 가

1 1층 모양을 보고 쌓기나무로 쌓은 모양의 뒤에 보이지 않는 쌓기나무가 없다는 것을 알 수 있습니다.
따라서 2층에는 쌓기나무가 3개, 3층에는 쌓기나무가 1개 있습니다.

2 1층에 쌓기나무가 있어야 2층에 쌓기나무를 놓을 수 있습니다.
따라서 주어진 1층 모양 위에 쌓을 수 있는 2층은 나입니다.

3 주어진 두 가지 모양을 사용하여 만들 수 있는 새로운 모양은 가입니다.

48~49쪽
LEVEL 1

01 ㉣ **02**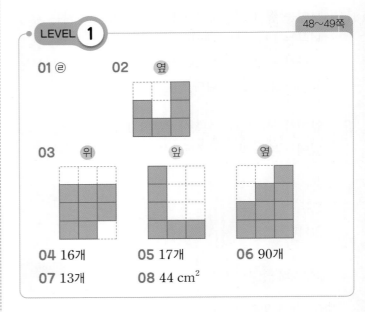

03 위 앞 옆

04 16개 **05** 17개 **06** 90개
07 13개 **08** 44 cm^2

01 ㉣을 빼내어도 앞과 옆에서 본 모양은 변하지 않습니다.

02 앞에서 본 모양으로 위에서 본 모양에 쌓으면 다음과 같습니다.

쌓기나무 10개로 쌓았으므로 ㉠과 ㉡에 모두 2개씩 쌓아야 합니다.
옆에서 보면 2층, 1층, 3층입니다.

03 초록색 쌓기나무 3개를 빼낸 모양은 다음 그림과 같습니다.

04 위에서 본 모양을 보면 보이지 않는 부분에 쌓기나무가 없습니다.
1층에 6개, 2층에 6개, 3층에 3개, 4층에 1개이므로 똑같은 모양으로 쌓는 데 필요한 쌓기나무는
$6+6+3+1=16$(개)입니다.

05 정육면체에 필요한 쌓기나무 개수는 27개입니다.
오른쪽 모양의 쌓기나무는 1층에 6개, 2층에 3개, 3층에 1개이므로 $6+3+1=10$(개)입니다.
따라서 빼낸 쌓기나무는 $27-10=17$(개)입니다.

06 9층은 2개, 8층은 4개, 7층은 6개……로 아래로 내려갈수록 쌓기나무가 2개씩 늘어납니다.
따라서 1층부터 9층까지 쌓는 데 필요한 쌓기나무는 모두 $2+4+6+8+10+12+14+16+18=90$(개)입니다.

07 쌓기나무를 최소로 사용하면 다음과 같습니다.

따라서 쌓기나무는 $3+1+4+1+1+1+2=13$(개)입니다.

08 위와 아래에서 보이는 면은 5개, 오른쪽과 왼쪽에서 볼 때 보이는 면은 9개, 앞과 뒤에서 보이는 면은 8개입니다.
쌓기나무로 쌓은 모양의 겉넓이에 $1\ cm^2$인 면이 모두 $5+5+9+9+8+8=44$(개)입니다.
따라서 겉넓이는 $44\ cm^2$입니다.

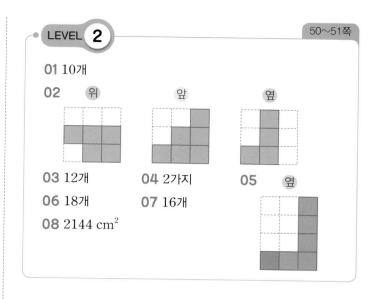

LEVEL 2 50~51쪽

01 10개
02
03 12개   **04** 2가지   **05**
06 18개   **07** 16개
08 2144 cm²

01 (전체 쌓기나무의 수)
$=1+2+3+1+3+4+2+2+1$
$=19$(개)
1층에 쌓기나무는 9개이므로 2층 이상에 쌓인 쌓기나무는 $19-9=10$(개)입니다.

02 시계 방향으로 90° 돌렸을 때 모양은 그림과 같습니다.

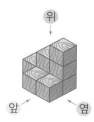

03 위에서 본 모양에 쌓기나무 수를 쓰면 다음과 같습니다.

따라서 똑같은 모양으로 쌓는데 필요한 쌓기나무는 $3+2+3+1+1+1+1=12$(개)입니다.

04

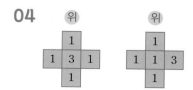

조건에 맞게 쌓기나무를 쌓는 방법이 2가지입니다.

05 그림과 같이 쌓았습니다.

06 1층은 6개, 2층은 3개, 3층은 2개이므로 똑같은 모양으로 쌓는 데 필요한 쌓기나무는 $6+3+2=11$(개)입니다.
쌓기나무가 200개 있으므로 $200 \div 11 = 18 \cdots 2$에서 똑같은 모양을 18개 만들 수 있습니다.

07

앞에서 본 모양에 의해서 ㉣, ㉤에 쌓인 쌓기나무는 1개씩이고, ㉓에 쌓인 쌓기나무는 3개입니다.
옆에서 본 모양에 의해서 ㉡에 쌓인 쌓기나무는 2개, ㉢에 쌓인 쌓기나무는 1개입니다.
앞과 옆에서 본 모양에 의하면 ㉠에 쌓인 쌓기나무는 3개입니다.
똑같이 쌓는 데 필요한 쌓기나무는
$3+1+3+2+1+1=11$(개)입니다.
가장 작은 정육면체 모양은 한 모서리에 쌓기나무가 3개씩이므로 필요한 쌓기나무는 $3 \times 3 \times 3 = 27$(개)입니다.
따라서 쌓기나무는 $27-11=16$(개) 더 필요합니다.

08

5층	4층	3층	2층	1층
1개	5개	9개	13개	17개

$+4$ $+4$ $+4$ $+4$

5층까지 쌓으면 위와 아래에서 본 모양에서 보이는 면은 17개입니다.
앞과 옆에서 본 모양에서 보이는 면은
$1+3+5+7+9=25$(개)입니다.
보이는 면은 모두 $17 \times 2 + 25 \times 4 = 134$(개)입니다.

한 모서리의 길이가 4 cm이므로 한 면의 넓이는
$4 \times 4 = 16 \ (\text{cm}^2)$입니다.
페인트가 칠해진 넓이는 $134 \times 16 = 2144 \ (\text{cm}^2)$입니다.

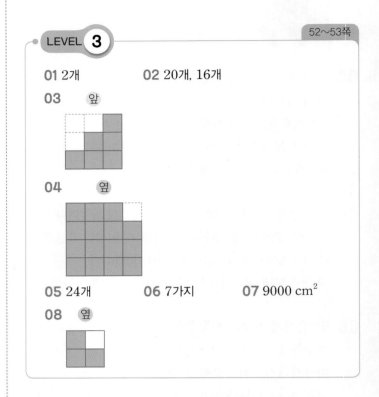

52~53쪽

01 2개   **02** 20개, 16개
03
04
05 24개   **06** 7가지   **07** 9000 cm²
08

01 앞과 옆에서 보이는 모양은 가장 높은 층만 보입니다.
앞에서 보았을 때 보이는 모양과 옆에서 보았을 때 보이는 모양은 다음과 같습니다.

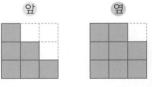

앞에서 보이는 쌓기나무는 6개이고 옆에서 보이는 쌓기나무는 8개이므로 차는 $8-6=2$(개)입니다.

02 앞에서 본 모양과 옆에서 본 모양으로 알 수 있는 쌓기나무 수를 나타내면 다음과 같습니다.

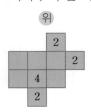

앞과 옆에서 보이는 모양에 알맞게 쌓기나무가 가장 적을 때는 다음과 같습니다.

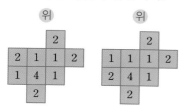

➡ 2+2+1+1+2+1+4+1+2=16(개)
쌓기나무가 가장 많을 때는 다음과 같습니다.

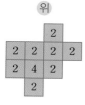

➡ 2+2+2+2+2+2+4+2+2=20(개)

03 시계 반대 방향으로 90°씩 4번 돌리면 처음 모양이 되므로 16번 돌리면 처음 모양과 같습니다.
3번 더 돌렸을 때의 앞에서 본 모양은 처음 모양의 옆에서 본 모양과 같습니다.
옆에서 본 모양은 1층, 2층, 3층입니다.

04 쌓기나무가 최대가 되도록 위에서 본 모양에 수를 쓰면 오른쪽과 같습니다.
옆에서 보면 4층, 4층, 4층, 3층입니다.

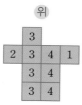

05 색칠된 쌓기나무를 각 층별로 나타내면 다음과 같습니다.

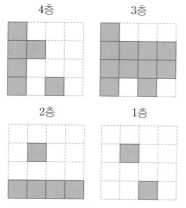

색칠된 쌓기나무는 모두 6+11+5+2=24(개)입니다.

06

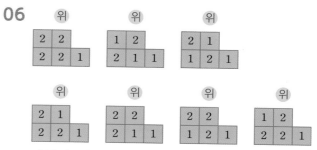

만들 수 있는 모양은 7가지입니다.

07 쌓은 입체도형의 겉넓이가 가장 작기 위해서는 정육면체를 모두 2층으로 쌓으면 됩니다.
2층으로 쌓은 쌓기나무의 겉넓이를 구하면 위와 아래에서의 넓이는 각각 $50 \times 50 = 2500$ (cm²)입니다.
옆면의 넓이는 $50 \times 20 = 1000$ (cm²)입니다.
따라서 가장 작을 때의 겉넓이는
$2500 \times 2 + 1000 \times 4 = 9000$ (cm²)입니다.

08 12개를 사용해서 만들 수 있는 직육면체의 모양은

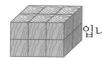입니다.

위에서 본 모양과 앞에서 본 모양을 이용하여 다음과 같이 쌓은 것을 알 수 있습니다.

LEVEL **4**		54~55쪽
01 9개	**02** 다, 마, 가, 라	**03** 7가지
04 64 cm³	**05** 32 cm², 40 cm²	
06 24개	**07** 210개	**08** 5배

01 2층에 있는 쌓기나무의 개수는 2 이상인 수가 쓰여진 칸의 개수와 같습니다.
가의 2층에 있는 쌓기나무는 4개이고, 나의 2층에 있는 쌓기나무는 5개입니다.
➡ 4+5=9(개)

02 쌓기나무는 개수가 많을수록 아래에 놓습니다.
위로 층수가 올라갈수록 겹치는 부분이 있어야 위에
쌓을 수 있습니다.
나는 2층 위에 쌓을 수 없습니다.

03 쌓기나무 1개를 더 쌓아서 만들 수 있는 모양은 다음
과 같습니다.

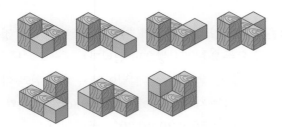

만들 수 있는 모양은 모두 7가지입니다.

04 쌓기나무가 8개이므로 숨겨진 쌓기나무는 없고, 위,
앞, 옆에서 본 모양은 다음과 같습니다.

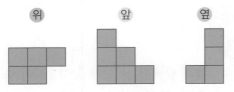

위, 앞, 옆에서 보이는 면은 $(5+6+4) \times 2 = 30$(개)
입니다.
겉넓이가 120 cm²이므로 한 면의 넓이는
$120 \div 30 = 4$ (cm²)입니다.
$2 \times 2 = 4$에서 쌓기나무 한 모서리의 길이는 2 cm입
니다.
(쌓기나무 1개의 부피)$= 2 \times 2 \times 2 = 8$ (cm³)
쌓기나무 8개로 만든 모양이므로
(부피)$= 8 \times 8 = 64$ (cm³)

05 주어진 모양을 위, 앞, 옆에서 본 모양은 다음과 같습
니다.

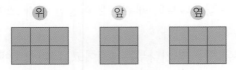

주어진 쌓기나무의 겉넓이는
$4 \times 2 + 6 \times 4 = 32$ (cm²)입니다.

한 면만 닿게 쌓을 경우 겉넓이가 가장 크게 되므로
$32 + 4 + 4 = 40$ (cm²)입니다.
겉넓이가 가장 작은 경우는 직육면체로 쌓으면 되므
로 32 cm²입니다.

06

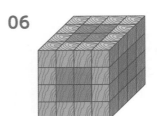

한 면이 색칠된 쌓기나무는 한 면에 4개씩이므로
$4 \times 6 = 24$(개)입니다.

07 | 가 | 나 | 다 |
라
마

가는 1부터 2씩 커지고 있으므로 열 번째 쌓기나무 모
양에는 19입니다.
나는 2부터 3씩 커지고 있으므로 열 번째 쌓기나무 모
양에는 29입니다.
다는 3부터 4씩 커지고 있으므로 열 번째 쌓기나무 모
양에는 39입니다.
라는 9부터 6씩 커지고 있으므로 열 번째 쌓기나무 모
양에는 63입니다.
마는 6의 배수이므로 열 번째 쌓기나무 모양에는 60
입니다.
➡ $19 + 29 + 39 + 63 + 60 = 210$(개)

08 $125 = 5 \times 5 \times 5$이므로 가로, 세로, 높이 방향으로 4
번 잘랐습니다.
만약 큰 정육면체의 한 면의 넓이가 1 cm²이라면
한 번 자를 때마다 면이 2개씩 증가하므로 총
$(4 + 4 + 4) \times 2 = 24$(cm²) 늘어났습니다.
큰 정육면체의 겉넓이는 6 cm²이고 작은 정육면체의
겉넓이는 $6 + 24 = 30$ (cm²)입니다.
따라서 큰 정육면체의 넓이는 작은 정육면체의 넓이
의 $30 \div 6 = 5$(배)입니다.

01 ⑥

02
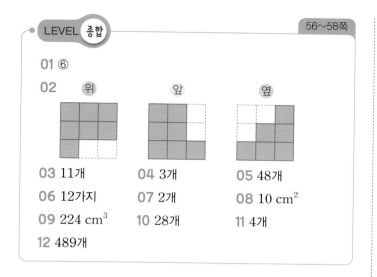

03 11개　　04 3개　　05 48개

06 12가지　　07 2개　　08 10 cm²

09 224 cm³　　10 28개　　11 4개

12 489개

01　1층이 2개 보이므로 ⑥번 방향에서 본 것입니다.

02　빨간색 쌓기나무 3개를 빼내었을 때 보이지 않는 쌓기나무는 없습니다.
위에서 본 모양은 1층에 놓인 모양입니다.
앞에서 본 모양은 3층, 3층, 1층이고,
옆에서 본 모양은 1층, 2층, 3층입니다.

03　옆에서 보면 각 줄의 가장 높은 층만 보이므로
1층, 3층, 4층, 3층입니다.
따라서 옆에서 보았을 때 보이는 쌓기나무는
1＋3＋4＋3＝11(개)입니다.

04　• 쌓기나무가 가장 적을 때는 보이지 않는 쌓기나무가 없는 경우입니다.

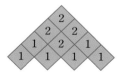

➡ 2＋2＋2＋1＋2＋1＋1＋1＋1＋1＝14(개)

• 쌓기나무가 가장 많을 때는 빗금친 보이지 않는 자리에 쌓기나무가 가장 많을 때입니다.

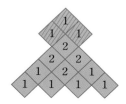

➡ 1＋1＋1＋2＋2＋2＋1＋2＋1＋1＋1＋1＋1
＝17(개)

필요한 쌓기나무가 가장 적을 때와 가장 많을 때의 차는 17－14＝3(개)입니다.

05　주어진 모양을 만드는 데 필요한 쌓기나무는 1층에 7개, 2층에 5개, 3층에 3개, 4층에 1개이므로
7＋5＋3＋1＝16(개)입니다.
가장 작은 정육면체 모양은 한 모서리에 쌓기나무 4개씩이므로 필요한 쌓기나무는 4×4×4＝64(개)입니다.
따라서 정육면체를 만들기 위해서 더 필요한 쌓기나무는 64－16＝48(개)입니다.

06　4층이 있는 곳이 있어야 하므로 남은 쌓기나무 4개를 3칸에 나누어 쌓으면 됩니다.

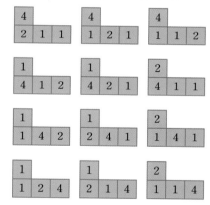

쌓을 수 있는 방법은 12가지입니다.

07　쌓기나무가 가장 많은 경우

➡ 3＋3＋3＋2＋1＝12(개)

쌓기나무가 가장 적은 경우

위

위
3	1	
	3	2
		1

➡ $3+1+3+2+1=10$(개)

따라서 쌓기나무 수의 차는 $12-10=2$(개)입니다.

08 한 모서리의 길이가 1 cm이므로 쌓기나무 한 면의 넓이는 1 cm²입니다.

옆에서 본 모양에 보이는 면은

$1+2+3+4=10$(개)이므로

옆에서 보이는 면의 넓이는 모두 $1 \times 10 = 10$ (cm²)입니다.

09 쌓기나무를 최소로 사용하면 다음 그림과 같이 쌓으면 됩니다.

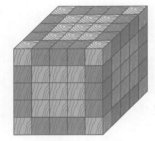

최소로 사용한 쌓기나무 수는 28개입니다.

한 모서리의 길이가 2 cm이므로 쌓기나무 한 개의 부피는 $2 \times 2 \times 2 = 8$ (cm³)입니다.

이 입체도형의 부피는 $28 \times 8 = 224$ (cm³)입니다.

10

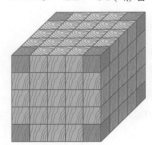

두 면에 페인트가 칠해진 쌓기나무는 모서리 부분이므로 $3 \times 12 = 36$(개)입니다.

세 면에 페인트가 칠해진 쌓기나무는 꼭짓점 부분이므로 8개입니다.

➡ $36-8=28$(개)

11 위에서 본 모양에 확실한 쌓기나무의 개수를 쓰면 다음과 같습니다.

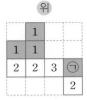

쌓기나무 13개로 쌓은 것이므로

$1+1+1+2+2+3+\bigcirc+2=13$,

$12+\bigcirc=13$, $\bigcirc=1$입니다.

따라서 앞에서 보았을 때 보이지 않는 쌓기나무는 색칠한 자리에 있는 쌓기나무이므로 모두

$1+1+1+1=4$(개)입니다.

12 9층에 보이지 않는 쌓기나무는 1개입니다.

8층에 보이지 않는 쌓기나무는 $1+4=5$(개)입니다.

7층에 보이지 않는 쌓기나무는 $1+4+8=13$(개)입니다.

6층에 보이지 않는 쌓기나무는

$1+4+8+12=25$(개)입니다.

5층에 보이지 않는 쌓기나무는

$1+4+8+12+16=41$(개)입니다.

4층에 보이지 않는 쌓기나무는

$1+4+8+12+16+20=61$(개)입니다.

3층에 보이지 않는 쌓기나무는

$1+4+8+12+16+20+24=85$(개)입니다.

2층에 보이지 않는 쌓기나무는

$1+4+8+12+16+20+24+28=113$(개)입니다.

1층에 보이지 않는 쌓기나무는

$1+4+8+12+16+20+24+28+32$
$=145$(개)입니다.

따라서 보이지 않는 쌓기나무는 모두

$1+5+13+25+41+61+85+113+145$
$=489$(개)입니다.

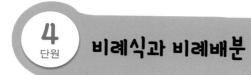

4단원 비례식과 비례배분

• 개념알기 개념 1   60쪽

1 20   **2** ㉢   **3** 49

1 전항을 □라 하면

$$□ : 12 \Rightarrow \frac{□}{12} = 1\frac{2}{3} = \frac{5}{3}$$

$12 \div 4 = 3$이므로

$□ \div 4 = 5$, $□ = 5 \times 4 = 20$

따라서 전항은 20입니다.

2

$2 : 7 \quad 8 : 28$ (×4)

$2 : 7 \quad 10 : 35$ (×5)

따라서 비율이 다른 하나는 ㉢입니다.

3 $0.6 : \frac{5}{8}$의 0.6을 분수로 나타내면 $\frac{6}{10} = \frac{3}{5}$입니다.

5와 8의 최소공배수는 40이므로

$\frac{3}{5} : \frac{5}{8} \quad 24 : 25$ (×40)

따라서 ㉠=24, ㉡=25이므로

㉠+㉡=24+25=49입니다.

• 개념 응용하기 응용 1   61쪽

6, 30, 30, 30, 1440

1 7 : 10   **2** 3 : 8   **3** 5 : 4

---

1 (직사각형 가의 넓이)=$4 \times 7 = 28$ (cm^2)

(직사각형 나의 넓이)=$8 \times 5 = 40$ (cm^2)

직사각형 가와 나의 넓이의 비는 28 : 40입니다.

28과 40의 최대공약수는 4이므로

$28 : 40 \quad 7 : 10$입니다. (÷4)

2 올해 효빈이와 삼촌의 나이의 비가 2 : 7이고 삼촌의 나이는 35세이므로

$2 : 7 \quad 10 : 35$입니다. (×5)

현재 효빈이의 나이는 10살입니다.

5년 후 효빈이의 나이는 $10+5=15$(살), 삼촌의 나이는 $35+5=40$(살)입니다.

15와 40의 최대공약수는 5이므로

$15 : 40 \quad 3 : 8$입니다. (÷5)

따라서 5년 후 효빈이와 삼촌의 나이의 비를 간단한 자연수의 비로 나타내면 3 : 8입니다.

3 한 시간 동안 일한 양을 알아보면 윤아는 전체의 $\frac{1}{4}$,

선우는 전체의 $\frac{1}{5}$입니다.

윤아와 선우가 한 시간 동안 일한 양의 비는

$\frac{1}{4} : \frac{1}{5}$입니다.

4와 5의 최소공배수는 20이므로

$\frac{1}{4} : \frac{1}{5} \quad 5 : 4$입니다. (×20)

• 개념알기 개념 2   62쪽

1 ㉠, ㉣   **2** 35   **3** 440 g

1 외항의 곱과 내항의 곱이 같은 것을 찾습니다.

$\bigcirc$ $4:5=8:10$

$\Rightarrow 4\times10=5\times8$

$40=40$

$\textcircled{2}$ $1:7=9:63$

$\Rightarrow 1\times63=7\times9$

$63=63$

2 $\textcircled{?}:13=28:52 \Rightarrow \textcircled{?}\times52=13\times28$

$\textcircled{?}\times52=364$

$\textcircled{?}=364\div52=7$

$45:63=\textcircled{!}:7 \Rightarrow 45\times7=63\times\textcircled{!}$

$63\times\textcircled{!}=315$

$\textcircled{!}=315\div63=5$

따라서 $\textcircled{?}\times\textcircled{!}=7\times5=35$입니다.

3 얻을 수 있는 소금의 양을 □ g이라 하면

$5:110=20:\square \Rightarrow 5\times\square=110\times20$

$5\times\square=2200$

$\square=440$

따라서 얻을 수 있는 소금은 440 g입니다.

● 개념 응용하기 **응용 2** 63쪽

8, 8, 8, 18, 24

---

1 21 **2** 57 **3** 275 g

---

1 $\textcircled{?}:20=\textcircled{!}:50$에서 외항의 곱이 300이므로

$\textcircled{?}\times50=300$, $\textcircled{?}=300\div50=6$입니다.

외항의 곱과 내항의 곱은 같으므로

$20\times\textcircled{!}=300$, $\textcircled{!}=300\div20=15$입니다.

따라서 $\textcircled{?}+\textcircled{!}=6+15=21$입니다.

2 $7:12=28:(\square-9)$에서 $\square-9=\bullet$라 놓으면

$7:12=28:\bullet$

$7\times\bullet=12\times28$

$7\times\bullet=336$, $\bullet=48$

따라서 $\square-9=48$이므로

$\square=48+9=57$입니다.

3 민정이가 만든 설탕물에 녹아 있는 설탕의 양을
□ g이라 하고 비례식을 세우면

$6:150=11:\square$

$6\times\square=150\times11$

$6\times\square=1650$, $\square=275$

따라서 민정이가 만든 설탕물에 녹아 있는 설탕은
275 g입니다.

● 개념알기 **개념 3** 64쪽

1 24, 40 **2** 40개, 25개 **3** 80 cm

---

1 $64\times\dfrac{3}{3+5}=\overset{8}{64}\times\dfrac{3}{\underset{1}{8}}=24$

$64\times\dfrac{5}{3+5}=\overset{8}{64}\times\dfrac{5}{\underset{1}{8}}=40$

2 빨간색 바구니: $65\times\dfrac{8}{8+5}$

$=\overset{5}{65}\times\dfrac{8}{\underset{1}{13}}=40$(개)

파란색 바구니: $65\times\dfrac{5}{8+5}$

$=\overset{5}{65}\times\dfrac{5}{\underset{1}{13}}=25$(개)

3 긴 끈의 길이: $480\times\dfrac{7}{5+7}$

$=\overset{40}{480}\times\dfrac{7}{\underset{1}{12}}=280$ (cm)

짧은 끈의 길이: $480\times\dfrac{5}{5+7}$

$=\overset{40}{480}\times\dfrac{5}{\underset{1}{12}}=200$ (cm)

따라서 두 끈의 길이의 차는 $280-200=80$ (cm)입니다.

77, 77, 44, 77, 33, 44, 33, 1452

1 4000원   **2** 30 cm²   **3** 27개

1 (종호)$=32000\times\dfrac{7}{7+9}$

$\quad\quad\quad =\overset{2000}{\cancel{32000}}\times\dfrac{7}{\underset{1}{\cancel{16}}}$

$\quad\quad\quad =14000(원)$

$\quad$(지현)$=32000\times\dfrac{9}{7+9}$

$\quad\quad\quad =\overset{2000}{\cancel{32000}}\times\dfrac{9}{\underset{1}{\cancel{16}}}$

$\quad\quad\quad =18000(원)$

두 사람이 모은 금액의 차는
$18000-14000=4000(원)$입니다.

2 (초콜릿의 넓이)$=12\times 8=96\ (\text{cm}^2)$
따라서 나누어진 두 개의 초콜릿 중 더 작은 초콜릿의
넓이는

$96\times\dfrac{5}{5+11}=\overset{6}{\cancel{96}}\times\dfrac{5}{\underset{1}{\cancel{16}}}=30(\text{cm}^2)$입니다.

3 전항 1.5를 $1\dfrac{1}{2}$로 바꾸고 전항과 후항을 각각 가분수

로 나타내면 $\dfrac{3}{2}:\dfrac{5}{3}$이 됩니다.

2와 3의 최소공배수는 6이므로

$\dfrac{3}{2}:\dfrac{5}{3}\quad\overset{\times 6}{\underset{\times 6}{\longrightarrow}}\quad 9:10$입니다.

따라서 밤 57개를 $9:10$으로 비례배분하면 민주는
밤을

$57\times\dfrac{9}{9+10}=\overset{3}{\cancel{57}}\times\dfrac{9}{\underset{1}{\cancel{19}}}=27(개)$ 가지게 됩니다.

01 28 : 63   **02** 9   **03** 38 : 31   **04** 21바퀴
05 490개   **06** 15시간   **07** 18 cm   **08** 352명
09 32 m²

01 4 : 9와 비율이 같은 비는 전항과 후항에 0이 아닌 같
은 수 □를 곱하여 $(4\times$□$):(9\times$□$)$로 나타낼 수 있
습니다.
전항과 후항의 차가 35이므로
$(9\times$□$)-(4\times$□$)=35$
$5\times$□$=35$, □$=7$
따라서 $4\times 7=28$과 $9\times 7=63$이므로 두 자연수의
비는 28 : 63입니다.

02 $3.5=3\dfrac{5}{10}=3\dfrac{1}{2}$이므로

$2\dfrac{3}{8}:3.5=2\dfrac{3}{8}:3\dfrac{1}{2}=\dfrac{19}{8}:\dfrac{7}{2}$

8과 2의 최소공배수는 8이므로

$\dfrac{19}{8}:\dfrac{7}{2}\quad\overset{\times 8}{\underset{\times 8}{\longrightarrow}}\quad 19:28$입니다.

따라서 ㉠$=19$, ㉡$=28$이므로
㉠과 ㉡의 차는 $28-19=9$입니다.

03 색종이 138장을 미진이가 14장 더 많이 가지게 나누면
미진: $(138+14)\div 2=152\div 2=76$(장)
성동: $76-14=62$(장)
미진이와 성동이가 가지게 되는 색종이 수의 비는
76 : 62입니다.
76과 62의 최대공약수는 2이므로

$76:62\quad\overset{\div 2}{\underset{\div 2}{\longrightarrow}}\quad 38:31$입니다.

따라서 미진이와 성동이가 가지게 되는 색종이 수의
비는 38 : 31입니다.

04 톱니바퀴 ㉯가 36바퀴 도는 동안에 톱니바퀴 ㉮가 □ 바퀴 돈다고 하고 비례식을 세우면

$7 : 12 = □ : 36$

$7 \times 36 = 12 \times □$

$12 \times □ = 252, □ = 21$

따라서 톱니바퀴 ㉮는 21바퀴 돕니다.

05 떨어지지 않은 사과는 처음 사과나무에 달려 있던 사과의 $100 - 30 = 70(\%)$입니다.

사과나무에 달려 있던 사과가 □개라 하고 비례식을 세우면

$70 : 100 = 343 : □$

$70 \times □ = 100 \times 343$

$70 \times □ = 34300, □ = 490$

따라서 떨어지기 전 사과나무에 달려 있던 사과는 모두 490개입니다.

06 4.5와 7.5는 소수 한 자리 수이므로 각 항에 10을 곱하면

$\overset{\times 10}{4.5 : 7.5} \quad 45 : 75$입니다.

45와 75의 최대공약수는 15이므로

$\overset{\div 15}{45 : 75} \quad 3 : 5$입니다.

하루 24시간을 $3 : 5$로 비례배분하면

(밤의 길이) $= 24 \times \dfrac{5}{3+5}$

$\qquad = \overset{3}{24} \times \dfrac{5}{\underset{1}{8}} = 15$(시간)

07 철사 72 cm를 $3 : 1$로 비례배분하면

(긴 철사의 길이) $= 72 \times \dfrac{3}{3+1}$

$\qquad = \overset{18}{72} \times \dfrac{3}{\underset{1}{4}} = 54$ (cm)

정삼각형의 둘레가 54 cm이므로 만든 정삼각형의 한 변의 길이는 $54 \div 3 = 18$ (cm)입니다.

08 남학생이 전학을 가기 전과 후의 여학생 수는 변함이 없으므로

(여학생 수) $= 350 \times \dfrac{11}{14+11}$

$\qquad = \overset{14}{350} \times \dfrac{11}{\underset{1}{25}} = 154$(명)

남학생이 전학가기 전 여학생이 154명이고 남학생을 □명이라 하고 비례식을 세우면

$□ : 154 = 9 : 7$

$□ \times 7 = 154 \times 9$

$□ \times 7 = 1386$

$□ = 198$

따라서 남학생이 전학 가기 전 6학년 학생 수는 $198 + 154 = 352$(명)입니다.

09 $\dfrac{4}{5} = \dfrac{8}{10} = 0.8$이므로

$1.4 : \dfrac{4}{5} = 1.4 : 0.8$

각 항에 10을 곱한 후 2로 나누면

$\overset{\times 10}{1.4 : 0.8} \quad \overset{\div 2}{14 : 8} \quad 7 : 4$입니다.

밭은 사다리꼴 모양이고

(사다리꼴의 넓이) $= \{$(윗변)$+$(아랫변)$\} \times$ (높이)$\div 2$ 이므로

(밭 전체의 넓이) $= (13+9) \times 8 \div 2$

$\qquad = 88$ (m²)

(무를 심은 부분의 넓이) $= 88 \times \dfrac{4}{7+4}$

$\qquad = \overset{8}{88} \times \dfrac{4}{\underset{1}{11}} = 32$(m²)

따라서 무를 심은 부분의 넓이는 32 m²입니다.

LEVEL 2 68~69쪽

01 35개　　**02** 효빈　　**03** 54 cm²　　**04** 15일

05 오후 9시 55분 12초　　**06** 5문제

07 3150원, 4900원　　**08** 2400원　　**09** 10 cm

01 (사과의 수)＝5×□, (배의 수)＝4×□라 하면
사과가 배보다 7개 더 많으므로
5×□－4×□＝7, □＝7
따라서 상자에 들어 있는 사과는 5×7＝35(개)입니다.

02 효빈이가 만든 꿀물의 꿀의 양과 물의 양의 비는
0.3 : 0.85입니다.
0.3 : 0.85의 각 항에 100을 곱한 후 5로 나누면

0.3 : 0.85　　30 : 85　　6 : 17입니다.

➡ 6 : 17의 비율은 $\frac{6}{17}$입니다.

민혁이가 만든 꿀물의 꿀의 양과 물의 양의 비는
$\frac{1}{4}$: $\frac{4}{5}$입니다.

4와 5의 최소공배수는 20이므로

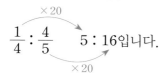

$\frac{1}{4}$: $\frac{4}{5}$　　5 : 16입니다.

➡ 5 : 16의 비율을 $\frac{5}{16}$입니다.

$\frac{6}{17}=\frac{96}{272}$, $\frac{5}{16}=\frac{85}{272}$이므로

$\frac{6}{17}>\frac{5}{16}$입니다.

따라서 효빈이의 꿀물이 더 진합니다.

03 겹친 부분의 넓이는 가×$\frac{3}{8}$＝나×$\frac{1}{3}$이므로

(가의 넓이) : (나의 넓이)＝$\frac{1}{3}$: $\frac{3}{8}$

3과 8의 최소공배수는 24이므로

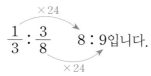

$\frac{1}{3}$: $\frac{3}{8}$　　8 : 9입니다.

나의 넓이를 □ cm²라 하고 비례식을 세우면
8 : 9＝48 : □
8×□＝9×48
8×□＝432, □＝54
따라서 나의 넓이는 54 cm²입니다.

04 5명이 하루에 받는 돈을 □원이라 하고 비례식을 세우면
6 : 720000＝1 : □, □＝120000
5명이 하루에 받는 돈은 120000원이므로 한 명이 하루에 받는 돈은 120000÷5＝24000(원)입니다.
한 명이 36만 원을 받을 때 일한 날수를 △일이라 하고 비례식을 세우면
1 : 24000＝△ : 360000
360000＝24000×△, △＝15
따라서 한 사람이 36만 원을 받으려면 15일 동안 일을 해야 합니다.

05 오전 10시부터 다음날 오후 10시까지는
24＋12＝36(시간)입니다.
36시간 동안 늦어진 시계의 시간을 □초라 하고 비례식을 세우면
4 : 32＝36 : □
4×□＝32×36
4×□＝1152, □＝288
1분＝60초이므로 288초＝4분 48초입니다.
36시간 동안 4분 48초가 늦어지므로 다음날 오후 10시에 이 시계가 가리키는 시각은
오후 10시－4분 48초＝오후 9시 55분 12초입니다.

06 준호가 맞힌 문제 수를 □문제라 하고 비례식을 세우면
4 : 7＝20 : □
4×□＝7×20
4×□＝140, □＝35
준호가 35문제를 맞혔습니다.
지원이와 준호의 틀린 문제 수의 비가 4 : 1이므로 지원이의 틀린 문제 수를 (4×△)문제, 준호의 틀린 문제 수를 (1×△)문제라 하면 전체 문제 수가 지원이는 (20＋4×△)문제, 준호는 (35＋△)문제입니다.
지원이와 준호가 같은 수의 문제 수를 풀었으므로
20＋4×△＝35＋△
3×△＝15, △＝5
따라서 준호가 틀린 문제는 5문제입니다.

07 사과와 배는 모두 75개이고 개수의 비가 8 : 7이므로

$$(사과) = 75 \times \frac{8}{8+7}$$

$$= \overset{5}{75} \times \frac{8}{\underset{1}{15}} = 40(개)$$

$$(배) = 75 \times \frac{7}{8+7}$$

$$= \overset{5}{75} \times \frac{7}{\underset{1}{15}} = 35(개)$$

사과 1개의 가격을 $(9 \times \square)$원이라고 하고
배 1개의 가격을 $(14 \times \square)$원이라 하면
사과와 배를 산 가격을 나타내면

$40 \times 9 \times \square + 35 \times 14 \times \square$

$= 360 \times \square + 490 \times \square$

$= 850 \times \square$

사과와 배의 가격은 297500원이므로

$850 \times \square = 297500$

$\square = 297500 \div 850 = 350$

사과 1개의 가격은 $9 \times 350 = 3150$(원),
배 1개의 가격은 $14 \times 350 = 4900$(원)입니다.

08 $2.5 = 2\dfrac{5}{10} = 2\dfrac{1}{2}$이므로

$$2\frac{3}{4} : 2\frac{1}{2} = \frac{11}{4} : \frac{5}{2}$$

4와 2의 최소공배수는 4이므로

$$\overset{\times 4}{\overbrace{\frac{11}{4} : \frac{5}{2}}}\ \ 11 : 10입니다.$$

태현이의 한 달 용돈을 $\square$라 하고 비례식을 세우면

$11 : 10 = \square : 24000$

$24000 \times 11 = 10 \times \square$

$10 \times \square = 264000$

$\square = 26400$

따라서 태현이의 한 달 용돈이 26400원이므로 두 사람의 한 달 용돈의 차는 $26400 - 24000 = 2400$(원)입니다.

09 높이가 같은 두 사다리꼴의 넓이의 비는 윗변과 아랫변의 길이의 합의 비와 같습니다.
사다리꼴 가와 나의 윗변과 아랫변의 길이를 모두 더하면 40 cm입니다.
사다리꼴 가와 나의 넓이의 비가 11 : 9이므로 사다리꼴 가와 나의 윗변과 아랫변의 길이의 합의 비도 11 : 9입니다.
(사다리꼴 나의 윗변과 아랫변의 길이의 합)

$$= 40 \times \frac{9}{11+9} = \overset{2}{40} \times \frac{9}{\underset{1}{20}} = 18 \text{ (cm)}$$

사다리꼴 나의 윗변의 길이는 $20 - 12 = 8$ (cm)이므로
(㉠의 길이) $= 18 - 8 = 10$ (cm)입니다.

LEVEL 3

70~71쪽

01 36	**02** 35, 56	**03** 17 : 24	**04** 120 cm
05 42 cm	**06** $\dfrac{3}{4}$	**07** 놀이터, 0.1 km	
08 13년	**09** 500만원		

01 ㉮ : $\square$ = 5 : ㉯에서 ㉮ × ㉯ = 5 × $\square$이므로
㉮ × ㉯는 5의 배수입니다.
㉮ × ㉯가 200보다 작은 12의 배수이므로
㉮ × ㉯가 될 수 있는 수는 200보다 작은 5와 12의 공배수 즉, 60의 배수입니다.
200보다 작은 5와 12의 공배수는 60, 120, 180이고, $\square$ 안에 들어갈 수 있는 수가 가장 큰 경우는 ㉮ × ㉯가 가장 큰 수일 때이므로 ㉮ × ㉯ = 180입니다.
따라서 ㉮ × ㉯ = 5 × $\square$, 5 × $\square$ = 180, $\square$ = 36입니다.

02 어떤 두 수를 5 × $\square$, 8 × $\square$라 하면 두 수의 곱이 1960이므로
$5 \times \square \times 8 \times \square = 1960$입니다.

➡ $40 \times \square \times \square = 1960$

$\square \times \square = 49$, $\square = 7$

따라서 어떤 두 수는 $5 \times 7 = 35$, $8 \times 7 = 56$입니다.

03 ㉮ 상품을 정가의 20%만큼 인상한 금액은 ㉮ 상품 정가의 120%, 즉 1.2와 같고, ㉯ 상품을 정가의 15%만큼 할인한 금액은 ㉯ 상품 정가의 85%, 즉 0.85와 같습니다.

➡ (㉮ 상품의 정가)×1.2
   =(㉯ 상품의 정가)×0.85,
   (㉮ 상품의 정가) : (㉯ 상품의 정가)
   =0.85 : 1.2

0.85 : 1.2의 각 항에 100을 곱한 후 5로 나누면

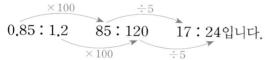

0.85 : 1.2   85 : 120   17 : 24입니다.

따라서 ㉮ 상품과 ㉯ 상품의 정가의 비는 17 : 24입니다.

04 가장 짧은 변은 ㉢이므로 비례식을 세우면
㉠ : 20=13 : 5, ㉠×5=20×13
㉠×5=260, ㉠=52
㉠의 길이는 52 cm입니다.
㉡의 길이를 비례식을 세우면
52 : ㉡=13 : 12, 52×12=13×㉡
13×㉡=624, ㉡=48
㉡의 길이는 48 cm입니다.
따라서 삼각형의 둘레의 길이는
㉠+㉡+㉢=52+48+20=120 (cm)입니다.

05 선분 ㄱㄴ을 4 : 3으로 나눈 점이 점 ㄷ이므로

선분 ㄱㄷ의 길이는 선분 ㄱㄴ의 길이의 $\frac{4}{4+3}=\frac{4}{7}$

이고, 선분 ㄱㄴ을 16 : 5로 나눈 점이 점 ㄹ이므로
선분 ㄱㄹ의 길이는 선분 ㄱㄴ의 길이의

$\frac{16}{16+5}=\frac{16}{21}$입니다.

선분 ㄱㄴ의 길이를 □ cm라고 하면

$□×\frac{16}{21}-□×\frac{4}{7}=8$, $□×\frac{4}{21}=8$

$□=8÷\frac{4}{21}=\overset{2}{8}×\frac{21}{\underset{1}{4}}=42$

따라서 선분 ㄱㄴ의 길이는 42 cm입니다.

06 겹쳐진 부분의 넓이를 정사각형의 넓이의 □만큼이라고 하면

(원의 넓이)×$\frac{4}{7}$=(정사각형의 넓이)×□입니다.

➡ (원의 넓이) : (정사각형의 넓이)=□ : $\frac{4}{7}$

$□ : \frac{4}{7}=21 : 16$, $□×16=\frac{4}{7}×\overset{3}{21}$,

$□×16=12$, $□=\frac{3}{4}$

따라서 겹쳐진 부분의 넓이는 정사각형의 넓이의 $\frac{3}{4}$입니다.

07 지도에서 집에서 놀이터를 거쳐 학교까지의 거리는 5 cm입니다.
지도상에서의 거리가 5 cm일 때 실제 거리를 □ cm라고 하고 비례식을 세우면
1 : 50000=5 : □
□=50000×5, □=250000
집에서 놀이터를 거쳐 학교까지의 거리는 250000 cm=2500 m=2.5 km입니다.
지도상에서 집에서 도서관을 거쳐 학교까지의 거리는 2.5+2.7=5.2 (cm)입니다.
지도에서의 거리가 5.2cm일 때 실제 거리를 △ cm라고 하고 비례식을 세우면
1 : 50000=5.2 : △
△=50000×5.2, △=260000
집에서 도서관을 거쳐 학교까지의 거리는 260000 cm=2600 m=2.6 km입니다.
따라서 집에서 놀이터를 거쳐 학교까지의 거리가 2.6-2.5=0.1 (km) 더 짧습니다.

08 올해 시온이과 이모의 나이의 비는 1 : 3이고, 두 사람의 나이의 합은 52살이므로

(시온)=$52×\frac{1}{1+3}=\overset{13}{52}×\frac{1}{\underset{1}{4}}=13$(살)

(이모)=$52×\frac{3}{1+3}=\overset{13}{52}×\frac{3}{\underset{1}{4}}=39$(살)

□년 후의 시온이와 이모의 나이의 비는

$(13+\square):(39+\square)$이므로

$(13+\square):(39+\square)=1:2$

$2\times(13+\square)=39+\square$

$26+2\times\square=39+\square$

$\square=13$

따라서 시온이와 이모의 나이의 비가 $1:2$가 되는 해는 13년 후입니다.

09 처음 두 회사의 투자한 금액의 비를 간단한 자연수의 비로 나타내면

(㉮ 회사) : (㉯ 회사)=200만 : 150만

200만과 150만의 최대공약수는 50만이므로

$$200만 : 150만 \xrightarrow[\div 50만]{\div 50만} 4:3 입니다.$$

$(㉮ 회사의 이익금)=70만원\times\dfrac{4}{4+3}$

$$=\overset{10}{70}만원\times\dfrac{4}{\underset{1}{7}}=40만원$$

㉮ 회사가 다시 투자해야 하는 금액을 □만 원이라 하고 비례식을 세우면 투자한 금액에 대한 이익금의 비율은 항상 일정하므로

$200:\square=40:100$

$\square\times40=200\times100$

$\square\times40=20000$

$\square=500$

따라서 이익금이 100만원이 되려면 ㉮회사는 500만 원을 투자해야 합니다.

LEVEL 4

72~73쪽

01 90점	**02** 391 cm²	**03** 3시간 36분
04 1400원	**05** 126명	**06** 200 m
07 40개	**08** 오전 8시 4분	

01 지난 달의 민혁이의 국어 점수와 수학 점수의 합은 $79\times2=158$(점)이고, 이번 달 민혁이가 받은 국어 점수와 수학 점수의 합은 $158+7=165$(점)입니다. 이번 달 수학 점수와 국어 점수의 비가 $6:5$이므로

$(수학 점수)=165\times\dfrac{6}{6+5}=\overset{15}{165}\times\dfrac{6}{\underset{1}{11}}=90$(점)

02 삼각형 ㄱㄴㄹ과 삼각형 ㄱㄹㄷ의 높이가 같으므로 두 삼각형의 넓이의 비는 두 삼각형의 밑변의 길이의 비와 같습니다.

(삼각형 ㄱㄴㄹ의 넓이) : (삼각형 ㄱㄹㄷ의 넓이)

$=6:11$

삼각형 ㄱㄹㄷ의 넓이를 □ cm²라 하고 비례식을 세우면

$6:11=138:\square$

$6\times\square=11\times138$

$6\times\square=1518,\ \square=253$

삼각형 ㄱㄹㄷ의 넓이가 253 cm²이므로

삼각형 ㄱㄴㄷ의 넓이는

$138+253=391$ (cm²)입니다.

03 텃밭 ㉮와 ㉯의 둘레가 같으므로

(텃밭 ㉮의 가로와 세로의 합)$=16+12=28$ (m)

(텃밭 ㉯의 가로)$=28\times\dfrac{5}{5+2}$

$$=\overset{4}{28}\times\dfrac{5}{\underset{1}{7}}=20$ (m)$$

(텃밭 ㉯의 세로)$=28\times\dfrac{2}{5+2}$

$$=\overset{4}{28}\times\dfrac{2}{\underset{1}{7}}=8$ (m)$$

(텃밭 ㉮의 넓이)$=16\times12=192$ (m²)

(텃밭 ㉯의 넓이)$=20\times8=160$ (m²)

텃밭 ㉮와 ㉯의 넓이의 비는 $192:160$입니다.

192와 160의 최대공약수는 32이므로

$$192:160 \xrightarrow[\div 32]{\div 32} 6:5 입니다.$$

같은 빠르기로 텃밭을 일구므로 텃밭 ㉮ 전체를 일구는 데 걸리는 시간을 $\square$시간이라 하고 비례식을 세우면

$6:5=\square:3$

$5\times\square=6\times3$

$5\times\square=18$

$\square=\dfrac{18}{5}=3\dfrac{3}{5}$

텃밭 ㉮ 전체를 일구는 데 걸리는 시간은

$3\dfrac{3}{5}$시간$=3\dfrac{36}{60}$시간$=3$시간 36분입니다.

04 오늘 입장한 어른과 어린이 수의 합은 380명이고 어른과 어린이 수의 비가 $7:12$이므로

(어린이의 수)$=380\times\dfrac{12}{7+12}$

$=\overset{20}{380}\times\dfrac{12}{\underset{1}{19}}$

$=240$(명)

입장료의 합계가 616000원이고 입장료의 비는 $5:6$이므로

(어린이의 입장료)$=616000\times\dfrac{6}{6+5}$

$=\overset{56000}{616000}\times\dfrac{6}{\underset{1}{11}}$

$=336000$(원)

따라서 어린이 한 명의 입장료는

$336000\div240=1400$(원)입니다.

05 (안경을 낀 남학생)$=120\times\dfrac{7}{7+5}$

$=\overset{10}{120}\times\dfrac{7}{\underset{1}{12}}=70$(명)

(안경을 낀 여학생)$=120\times\dfrac{5}{7+5}$

$=\overset{10}{120}\times\dfrac{5}{\underset{1}{12}}=50$(명)

남학생 수와 여학생 수의 비가 $4:3$이므로 전체 남학생 수를 $4\times\square$, 전체 여학생 수를 $3\times\square$라 하면 안경을 끼지 않은 남학생 수와 여학생 수의 비가 $1:2$이므로

$(4\times\square-70):(3\times\square-50)=1:2$

$3\times\square-50=(4\times\square-70)\times2$

$3\times\square-50=8\times\square-140$

$5\times\square=90$, $\square=18$

민주네 학교의 남학생은 $4\times18=72$(명), 여학생은 $3\times18=54$(명)이므로 전체 학생은

$72+54=126$(명)입니다.

06 기차가 터널을 완전히 통과하려면

(터널의 길이)$+$(기차의 길이)만큼 달려야 합니다.

기차의 길이를 $\square$ m라 하고 비례식을 세우면

$12:26=(280+\square):(840+\square)$

$12\times(840+\square)=26\times(280+\square)$

$12\times840+12\times\square=26\times280+26\times\square$

$10080+12\times\square=7280+26\times\square$

$26\times\square-12\times\square=10080-7280$

$14\times\square=2800$

$\square=2800\div14=200$

열차의 길이는 200 m입니다.

07 (100원짜리 동전의 금액의 합)

$=$(100원짜리 동전의 수)$\times100$

➡ (100원짜리 동전의 수)

$=$(100원짜리 동전의 금액의 합)$\div100$

(500원짜리 동전의 금액의 합)

$=$(500원짜리 동전의 수)$\times500$

➡ (500원짜리 동전의 수)

$=$(500원짜리 동전의 금액의 합)$\div500$

100원과 500원 동전의 금액의 합의 비가 $3:2$이므로 100원짜리 동전의 금액의 합을 $3\times\square$이라 하고, 500원짜리 동전의 금액의 합을 $2\times\square$이라 하면

(100원짜리 동전의 개수) : (500원짜리 동전의 개수)

$=\dfrac{3\times\square}{100}:\dfrac{2\times\square}{500}$

100과 500의 최소공배수 500을 곱하고 □로 나누면

$$\frac{3\times\square}{100}:\frac{2\times\square}{500} \quad\xrightarrow{\times 500}\quad (15\times\square):(2\times\square) \quad\xrightarrow{\div\square}\quad 15:2$$

100원짜리 동전과 500원짜리 동전의 개수의 비는
15 : 2이고 모두 340개이므로

(500원짜리 동전의 수)$=340\times\dfrac{2}{15+2}$

$$=\overset{20}{340}\times\dfrac{2}{\underset{1}{17}}=40(개)$$

08 서현이의 시계는 3시간에 4분씩 늦어지므로 1시간 동안 $\dfrac{4}{3}$분씩 늦어집니다. 따라서 1시간 동안

$60-\dfrac{4}{3}=58\dfrac{2}{3}$(분) 움직입니다.

찬규의 시계는 2시간에 1분씩 빨라지므로 1시간 동안

$\dfrac{1}{2}$분씩 빨라집니다. 따라서 1시간 동안

$60+\dfrac{1}{2}=60\dfrac{1}{2}$(분) 움직입니다.

서현이의 시계와 찬규의 시계가 1시간 동안 움직인

시간의 비는 $58\dfrac{2}{3}:60\dfrac{1}{2}$입니다.

3과 2의 최소공배수는 6이므로

$$58\dfrac{2}{3}:60\dfrac{1}{2} \quad\xrightarrow{\times 6}\quad 352:363$$

오후 9시부터 다음날 오전 8시까지는 11시간이므로
찬규의 시계가 움직인 시간은 $11\times60=660$(분)입니다.

서현이의 시계가 움직인 시간을 □분이라 하고 비례식을 세우면

$352:363=\square:660$

$363\times\square=660\times352$

$363\times\square=232320, \square=640$

서현이의 시계가 움직인 시간은 640분, 즉 10시간 40분입니다.

서현이의 시계가 가리키는 시각은
오후 9시 24분＋10시간 40분－12시간
＝오전 8시 4분입니다.

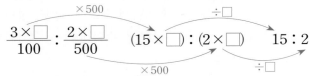

LEVEL 종합   74~76쪽

01 9 : 15   **02** 16 : 5   **03** 36   **04** 20 : 21

05 $3\dfrac{1}{3}$ kg   **06** 27바퀴   **07** 28 : 33   **08** 700원

09 57명   **10** 8 cm^2 **11** 10350원   **12** 48세

01 ㉮ : ㉯의 비율이 $\dfrac{15}{25}=\dfrac{3}{5}$이므로

㉮ : ㉯＝3 : 5＝6 : 10＝9 : 15＝12 : 20＝……
이고 이 중에서 전항과 후항의 곱이 200 미만인 비는
3 : 5, 6 : 10, 9 : 15입니다.
따라서 조건을 만족하는 비 중 후항이 가장 큰 비는
9 : 15입니다.

02 ㉠÷㉡＝3.2 ➡ ㉠＝3.2×㉡
                 ㉠ : ㉡＝3.2 : 1
각 항에 10을 곱한 후 2로 나누면

$$3.2:1 \quad\xrightarrow{\times 10}\quad 32:10 \quad\xrightarrow{\div 2}\quad 16:5입니다.$$

03 ㉠과 ㉡의 곱이 150보다 작은 9의 배수이고
$4\times\square=㉠\times㉡$이므로
㉠×㉡은 9와 4의 공배수입니다.
9와 4의 최소공배수는 36이므로 ㉠×㉡과 $4\times\square$는
150보다 작은 36의 배수인 36, 72, 108, 144입니다.
➡ $4\times\square=144, \square=36$

04 가의 잠긴 길이인 가$\times\dfrac{3}{5}$과 나의 잠긴 길이인

나$\times\dfrac{4}{7}$는 같으므로 가$\times\dfrac{3}{5}$＝나$\times\dfrac{4}{7}$입니다.

(가의 길이) : (나의 길이)$=\dfrac{4}{7}:\dfrac{3}{5}$

7과 5의 최소공배수는 35이므로

$$\underset{\times 35}{\overset{\times 35}{\frac{4}{7} : \frac{3}{5} \longrightarrow 20 : 21}}$$입니다.

05 효빈이의 책가방의 무게를 □ kg이라 하고 비례식을 세우면

$3 : 5 = □ : 4\frac{1}{3}$

$3 \times 4\frac{1}{3} = 5 \times □$

$13 = 5 \times □$

$□ = \frac{13}{5} = 2\frac{3}{5}$

효빈이의 책가방의 무게는 $2\frac{3}{5}$ kg입니다.

현수의 책가방의 무게를 △ kg이라 하고 비례식을 세우면

$50 : 39 = △ : 2\frac{3}{5}$

$50 \times 2\frac{3}{5} = 39 \times △$

$130 = 39 \times △$

$△ = 130 \div 39 = \frac{130}{39} = \frac{10}{3} = 3\frac{1}{3}$

따라서 현수의 책가방의 무게는 $3\frac{1}{3}$ kg입니다.

06 톱니바퀴 ㉮와 ㉯의 톱니 수의 비는 72 : 104입니다.
72와 104의 최대공약수는 8이므로

$$\underset{\div 8}{\overset{\div 8}{72 : 104 \longrightarrow 9 : 13}}$$입니다.

톱니바퀴 ㉮와 ㉯의 톱니 수의 비가 9 : 13이므로
1분 동안 도는 회전수의 비는 13 : 9입니다.
톱니바퀴 ㉯가 1분 동안 □바퀴 돈다고 하고 비례식을 세우면

$13 : 9 = 39 : □$

$13 \times □ = 9 \times 39$

$13 \times □ = 351,\ □ = 27$

따라서 톱니바퀴 ㉯는 27바퀴 돕니다.

07 $㉮ \times 4\frac{7}{12} = ㉯ \times 3\frac{8}{9}$

➡ $㉮ : ㉯ = 3\frac{8}{9} : 4\frac{7}{12} = \frac{35}{9} : \frac{55}{12}$

9와 12의 최소공배수는 36이므로

$$\frac{35}{9} : \frac{55}{12} \xrightarrow{\times 36} 140 : 165 \xrightarrow{\div 5} 28 : 33$$입니다.

따라서 ㉮ : ㉯를 간단한 자연수의 비로 나타내면
28 : 33입니다.

08 초콜릿과 사탕은 모두 65개이고 7 : 6이므로

(초콜릿) $= 65 \times \frac{7}{7+6}$

$= \overset{5}{65} \times \frac{7}{\underset{1}{13}} = 35$(개)

(사탕) $= 65 \times \frac{6}{7+6}$

$= \overset{5}{65} \times \frac{6}{\underset{1}{13}} = 30$(개)

초콜릿과 사탕의 1개 가격의 비는 5 : 3이므로 초콜릿 1개의 가격을 (5 × □)원이라 하면 사탕 1개의 가격은 (3 × □)원입니다.

$5 \times □ \times 35 + 3 \times □ \times 30 = 37100$

$175 \times □ + 90 \times □ = 37100$

$265 \times □ = 37100,\ □ = 140$

따라서 초콜릿 1개의 가격은
$5 \times 140 = 700$(원)입니다.

09 작년 전체 학생 672명 중 남학생은 $\frac{9}{16}$이므로

(작년 남학생 수) $= \overset{42}{672} \times \frac{9}{\underset{1}{16}} = 378$(명)

(작년 여학생 수) $= 672 - 378 = 294$(명)

올해 남학생 수는 작년과 같고 올해 남학생 수와 여학생 수의 비는 14 : 13이므로 올해 여학생 수를 □명이라 하고 비례식을 세우면

$378 : □ = 14 : 13$

$\square \times 14 = 378 \times 13$

$\square \times 14 = 4914, \square = 351$

따라서 올해 여학생은 351명이므로 올해 전학을 온 여학생은 $351 - 294 = 57$(명)입니다.

10 나의 넓이가 $80 \ cm^2$이고 가와 나의 넓이의 비가 $1 : 5$이므로 가의 넓이를 $\square \ cm^2$라 하고 비례식을 세우면

$1 : 5 = \square : 80$

$1 \times 80 = 5 \times \square$

$5 \times \square = 80, \square = 16$

가의 넓이는 $16 \ cm^2$입니다.

가와 라의 넓이가 $2 : 5$이므로 라의 넓이를 $\triangle \ cm^2$라 하고 비례식을 세우면

$2 : 5 = 16 : \triangle$

$2 \times \triangle = 5 \times 16$

$2 \times \triangle = 80, \triangle = 40$

직사각형의 다와 라의 세로가 같으므로 넓이의 비는 가로의 비와 같습니다.

따라서 다와 라의 넓이의 비는 가와 나의 넓이의 비와 같은 $1 : 5$입니다.

다의 넓이를 $\bigcirc \ cm^2$라 하고 비례식을 세우면

$1 : 5 = \bigcirc : 40$

$1 \times 40 = 5 \times \bigcirc$

$5 \times \bigcirc = 40, \bigcirc = 8$

따라서 다의 넓이는 $8 \ cm^2$입니다.

11 물건 ㉠의 정가에 15%를 더한 금액은

$㉠ \times \dfrac{115}{100} = ㉠ \times 1.15$이고,

물건 ㉡의 정가에 20%를 할인한 금액은

$㉡ \times \dfrac{80}{100} = ㉡ \times 0.8$입니다.

$㉠ \times 1.15 = ㉡ \times 0.8$

➡ $㉠ : ㉡ = 0.8 : 1.15$

각 항에 100을 곱한 후 5를 나누면

$$0.8 : 115 \quad \xrightarrow{\times 100} \quad 80 : 115 \quad \xrightarrow{\div 5} \quad 16 : 23$$입니다.

물건 ㉡의 정가를 $\square$원이라 하고 비례식을 세우면

$16 : 23 = 7200 : \square$

$16 \times \square = 23 \times 7200$

$16 \times \square = 165600, \square = 10350$

따라서 물건 ㉡의 정가는 10350원입니다.

12 올해 아버지의 연세를 $\square$세, 어머니의 연세를 $\triangle$세라 하면 아버지의 연세가 $\triangle$세였을 때 어머니의 연세는 $\square \times \dfrac{3}{4}$세였습니다.

올해의 아버지와 어머니의 연세의 차와 몇 년 전 아버지와 어머니의 연세의 차는 같으므로

$\square - \triangle = \triangle - \square \times \dfrac{3}{4}$

$\square \times \dfrac{7}{4} = \triangle \times 2$

$\square : \triangle = 2 : \dfrac{7}{4} = 8 : 7$

아버지와 어머니의 연세의 비는 $8 : 7$입니다.

아버지와 어머니의 연세의 합은 90세이므로 올해 아버지의 연세는

$90 \times \dfrac{8}{8+7} = \overset{6}{90} \times \dfrac{8}{\underset{1}{15}} = 48$(세)입니다.

5
단원

원의 넓이

● 개념알기 개념 **1** 78쪽

1 ㉡   2 ⑴ 18.84 cm ⑵ 50.24 cm

1 원주율은 원의 크기와 상관없이 일정합니다.

2 ⑴ (원주)＝(지름)×(원주율)
  ＝6×3.14＝18.84 (cm)
 ⑵ (원주)＝(반지름)×2×(원주율)
  ＝8×2×3.14＝50.24 (cm)

● 개념 응용하기 응용 **1** 79쪽

14, 7, 43.96, 43.96, 87.92, 14, 28, 87.92, 28, 115.92

1 117.8 cm **2** 20 cm **3** 998.2 cm

1 (큰 원의 반지름)＝14＋5＝19 (cm)
 (원주)＝19×2×3.1
  ＝38×3.1＝117.8 (cm)

2 (반지름)은 (원주)÷(원주율)÷2이므로
 ㉢의 반지름은 50.24÷3.14÷2＝8 (cm)입니다.
 따라서, 가장 큰 원은 지름이 24 cm인 원으로 반지름이
 24÷2＝12 (cm)인 ㉡이고, 가장 작은 원은 반지름
 이 8 cm인 ㉢입니다.
 ➡ 12＋8＝20 (cm)

3 (원주)＝(반지름)×2×(원주율)이므로
 (타이어가 한 바퀴 굴러간 거리)＝23×2×3.1
  ＝142.6 (cm)
 7바퀴를 굴렸을 때 굴러간 거리는
 142.6×7＝998.2 (cm)입니다.

● 개념알기 개념 **2** 80쪽

1 ⑩ 120 cm²   2 ⑴ 254.34 cm² ⑵ 78.5 cm²

1 (원 안에 있는 정육각형의 넓이)＝18×6
  ＝108 (cm²)
 (원 밖에 있는 정육각형의 넓이)＝24×6
  ＝144 (cm²)
 원의 넓이는 원 안에 있는 정육각형의 넓이보다 크고
 원 밖에 있는 정육각형의 넓이보다 작습니다.

2 ⑴ (원의 넓이)＝9×9×3.14＝254.34 (cm²)
 ⑵ 반지름은 10÷2＝5 (cm)이므로
  (원의 넓이)＝5×5×3.14
   ＝78.5 (cm²)

● 개념 응용하기 응용 **2** 81쪽

세로, 42, 21, 21, 21, 1323, 52, 42, 2184, 2184, 1323, 861

1 47.1 cm² **2** 288 cm² **3** 251.1 cm²

1 원 ㉠의 반지름은 14÷2＝7 (cm)이므로
 (원 ㉠의 넓이)＝7×7×3.14＝153.86 (cm²)
 (원 ㉡의 넓이)＝8×8×3.14＝200.96 (cm²)
 따라서 두 원의 넓이의 차는
 200.96－153.86＝47.1 (cm²)입니다.

2 (피자의 반지름)＝32÷2＝16 (cm)
 (피자 전체의 넓이)＝16×16×3＝768 (cm²)
 민상이가 먹고 남은 피자는 8조각 중에서 3조각이므
 로 전체의 $\frac{3}{8}$입니다.
 따라서 민상이가 먹고 남은 피자의 넓이는
 $\overset{96}{768}×\frac{3}{\underset{1}{8}}＝288$ (cm²)입니다.

3 끈으로 만든 원의 반지름의 길이를 □ cm라 하면

□×2×3.1=55.8, □=9

원의 반지름은 9 cm이므로

(원의 넓이)=9×9×3.1=251.1 (cm²)

82쪽

● 개념알기 개념 **3**

1 400, 10, 10, 314, 400, 314, 86

2 (1) 187.55 cm² (2) 220 cm²

1 정사각형 한 변의 길이가 20 cm이므로 원의 반지름은 10 cm입니다.

(정사각형의 넓이)=20×20=400 (cm²)

(원의 넓이)=10×10×3.14=314 (cm²)

(색칠한 부분의 넓이)=400−314=86 (cm²)

2 (1) 그림과 같이 색칠한 부분을 모으면 반지름이 5+6=11 (cm)인 반원과 같습니다.

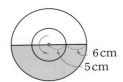

6 cm
5 cm

(색칠한 부분의 넓이)=11×11×3.1÷2

=187.55 (cm²)

(2) 색칠한 부분의 넓이는 반지름이 20 cm인 원의 넓이의 $\frac{1}{4}$에서 밑변과 높이가 각각 20 cm인 삼각형의 넓이를 뺀 것을 2배한 것입니다.

(색칠한 부분의 넓이)

$=\left(20×20×3.1×\frac{1}{4}-20×20÷2\right)×2$

=(310−200)×2

=110×2=220 (cm²)

● 개념 응용하기 응용 **3**

83쪽

4, 8, 8, 8, 198.4, 4, 4, 49.6, 198.4, 49.6, 99.2

1 18 cm²   **2** 48 cm²   **3** 146.24 cm²

1

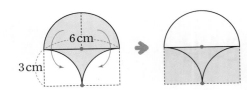

6 cm
3 cm

색칠한 부분의 넓이는 가로가 6 cm, 세로가 3 cm인 직사각형의 넓이와 같습니다.

(색칠한 부분의 넓이)=6×3=18 (cm²)

2 색칠한 부분의 넓이는 반지름이 8 cm인 반원의 넓이에서 지름이 8 cm인 원의 넓이를 뺀 것과 같습니다.

(색칠한 부분의 넓이)$=8×8×3×\frac{1}{2}-4×4×3$

=96−48=48 (cm²)

3 반원의 반지름은 16÷4=4 (cm)이고 반원 2개의 넓이는 원 1개의 넓이와 같습니다.

삼각형은 밑변의 길이가 16 cm이고, 높이는 16−4=12 (cm)입니다.

(색칠한 부분의 넓이)

=(반원 2개의 넓이)+(삼각형의 넓이)

=4×4×3.14+16×12÷2

=50.24+96=146.24 (cm²)

● LEVEL **1**

84~85쪽

01 5바퀴	**02** 32.8 cm	**03** 24 cm
04 71.96 cm	**05** 43.96 cm	**06** 793.6 cm²
07 280.5 cm²	**08** 129.6 cm²	

01 (훌라후프를 한 바퀴 굴렸을 때 굴러간 거리)

=45×2×3.14=282.6 (cm)

따라서 훌라후프를 1413÷282.6=5(바퀴) 굴렸습니다.

02 색칠한 부분은 반지름이 10 cm인 원의 둘레의 $\frac{1}{4}$, 반지름이 6 cm인 원의 둘레의 $\frac{1}{4}$, 두 원의 반지름의 차인 4 cm를 2개 더한 것입니다.

(색칠한 부분의 둘레)
$$=10\times2\times3.1\times\frac{1}{4}+6\times2\times3.1\times\frac{1}{4}+4\times2$$
$$=15.5+9.3+8=32.8 \text{ (cm)}$$

03 (왼쪽 원의 원주)$=10\times2\times3=60$ (cm)
오른쪽 반원의 둘레도 60 cm이므로
$㉠\times3\div2+㉠=60$
$㉠\times1.5+㉠=60$
$㉠\times2.5=60$
$㉠=60\div2.5=24$
따라서 ㉠의 길이는 24 cm입니다.

04 빨간색 선을 합치면 지름이 14 cm인 원의 원주와 같습니다.

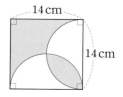

색칠한 부분의 둘레는 정사각형의 두 변의 길이와 지름이 14 cm인 둘레의 길이의 합입니다.
➡ (색칠한 부분의 둘레)$=14\times2+14\times3.14$
$$=28+43.96$$
$$=71.96 \text{ (cm)}$$

05 (원의 넓이)$=$(반지름)$\times$(반지름)$\times$(원주율)이므로
DVD의 반지름의 길이를 $\square$ cm라고 하면
$\square\times\square\times3.14=153.86$
$\square\times\square=49$, $\square=7$
DVD의 반지름은 7 cm이므로
(DVD의 둘레)$=7\times2\times3.14=43.96$ (cm)

06 원의 반지름은 $32\div4=8$ (cm)이므로
(원 1개의 넓이)$=8\times8\times3.1=198.4$ (cm²)
(원 4개의 넓이)$=198.4\times4=793.6$ (cm²)

07 필요한 화선지의 넓이는 큰 반원의 넓이에서 작은 반원의 넓이를 빼면 됩니다.
큰 반원의 반지름은 $11+3=14$ (cm)이므로
(큰 반원의 넓이)$=14\times14\times3\div2=294$ (cm²)
작은 반원의 반지름이 3 cm이므로
(작은 반원의 넓이)$=3\times3\times3\div2=13.5$ (cm²)
➡ (필요한 화선지의 넓이)$=294-13.5$
$$=280.5 \text{ (cm}^2)$$

08 원의 반지름의 8배가 48 cm이므로
(원의 반지름)$=48\div8=6$ (cm)
색칠한 부분은 가로가 48 cm, 세로 12 cm인 직사각형의 넓이에서 원 4개의 넓이를 뺀 것과 같습니다.
(색칠한 부분의 넓이)
$$=48\times12-6\times6\times3.1\times4$$
$$=576-446.4=129.6 \text{ (cm}^2)$$

LEVEL 2 86~87쪽

01 65.1 cm	**02** 49.68 cm	**03** 99.96 cm
04 72 cm	**05** 1587.2 cm²	**06** 100.48 cm²
07 753.6 cm²	**08** 90 cm²	

01 작은 원의 지름을 $\square$ cm라 하면
$\square\times3.1=21.7$, $\square=21.7\div3.1=7$
큰 원의 지름은 작은 원의 지름의 3배이므로
$7\times3=21$ (cm)입니다.
(큰 원의 원주)$=21\times3.1=65.1$ (cm)

02 큰 반원의 지름은 작은 반원의 반지름의 6배이므로
작은 반원의 반지름은 $18\div6=3$ (cm)이고 작은 반원의 지름은 6 cm입니다.
색칠한 부분의 둘레의 길이는 큰 반원의 둘레와 작은 반원의 둘레와 직선 부분의 길이를 더합니다.
(색칠한 부분의 둘레)
$$=(18\times3.14\div2)+(6\times3.14\div2)+(18-6)$$
$$=28.26+9.42+12=49.68 \text{ (cm)}$$

03

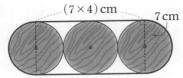

(사용한 끈의 길이)
= (곡선 부분의 길이) + (직선 부분의 길이)
= $(7 \times 2 \times 3.14) + (7 \times 4 \times 2)$
= $43.96 + 56 = 99.96$ (cm)
따라서 사용한 끈은 99.96 cm입니다.

04 가장 큰 원의 지름이 가장 작은 반원의 지름의 4배이고 가장 작은 반원의 지름이 6 cm이므로
(가장 큰 원의 지름) = $6 \times 4 = 24$ (cm)
가장 큰 원과 가장 작은 반원의 사이에 있는 두 번째로 큰 반원의 지름은 가장 큰 원의 지름에서 가장 작은 반원의 지름을 빼면 되므로 $24 - 6 = 18$ (cm)입니다.
색칠한 부분의 둘레는 크기가 다른 세 개의 반원의 둘레의 합과 같습니다.
(색칠한 부분의 둘레)
= $(24 \times 3 \div 2) + (18 \times 3 \div 2) + (6 \times 3 \div 2)$
= $36 + 27 + 9 = 72$ (cm)

05 (지름) = (원주) ÷ (원주율)이므로
(원 가의 지름) = $148.8 \div 3.1 = 48$ (cm)
(원 가의 반지름) = $48 \div 2 = 24$ (cm)
(원 가의 넓이) = $24 \times 24 \times 3.1 = 1785.6$ (cm²)
(원 나의 지름) = $49.6 \div 3.1 = 16$ (cm)
(원 나의 반지름) = $16 \div 2 = 8$ (cm)
(원 나의 넓이) = $8 \times 8 \times 3.1 = 198.4$ (cm²)
따라서 두 원의 넓이의 차는
$1785.6 - 198.4 = 1587.2$ (cm²)입니다.

06 직사각형 ㄱㄴㄷㄹ의 가로는 원의 반지름과 같고, 세로는 원의 지름과 같습니다.
원의 반지름을 □ cm라 하면 직사각형 ㄱㄴㄷㄹ의 가로는 □ cm, 세로는 (□×2) cm입니다.
□×□×2=128, □×□=64, □=8

원의 반지름은 8 cm입니다.
색칠한 부분은 반지름이 8 cm인 반원이므로
(색칠한 부분의 넓이) = $8 \times 8 \times 3.14 \div 2$
= 100.48 (cm²)

07 가장 큰 원의 지름이 54 cm이므로 가장 큰 원의 반지름은 27 cm입니다.
반지름이 8 cm씩 작아지도록 그렸으므로 두 번째 큰 원의 반지름은 $27 - 8 = 19$ (cm)이고,
가장 작은 원의 반지름은 $19 - 8 = 11$ (cm)입니다.
7점에 해당하는 부분의 넓이는 두 번째로 큰 원의 넓이에서 가장 작은 원의 넓이를 빼면 됩니다.
(7점에 해당되는 부분의 넓이)
= $(19 \times 19 \times 3.14) - (11 \times 11 \times 3.14)$
= $1133.54 - 379.94$
= 753.6 (cm²)

08 각 원의 일부분의 반지름의 길이를 알아보면 오른쪽 그림과 같습니다.

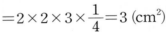
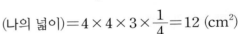

(가의 넓이)
= $2 \times 2 \times 3 \times \frac{1}{4} = 3$ (cm²)
(나의 넓이) = $4 \times 4 \times 3 \times \frac{1}{4} = 12$ (cm²)
(다의 넓이) = $6 \times 6 \times 3 \times \frac{1}{4} = 27$ (cm²)
(라의 넓이) = $8 \times 8 \times 3 \times \frac{1}{4} = 48$ (cm²)
(색칠한 부분의 넓이)
= (가의 넓이) + (나의 넓이) + (다의 넓이) + (라의 넓이)
= $3 + 12 + 27 + 48$
= 90 (cm²)

LEVEL 3

88~89쪽

01 28바퀴   02 나, 32 cm   03 100.48 cm
04 2880 cm²   05 64 cm²   06 25%
07 12 cm   08 75.6 cm²

01 (효빈이가 자전거를 타고 간 거리)

$=40 \times 2 \times 3.1 \times 30 = 7440$ (cm)

152.52 m $=15252$ cm이므로

(민혁이가 자전거를 타고 간 거리)

$=15252 - 7440 = 7812$ (cm)

민혁이의 자전거 바퀴가 돈 횟수를 □바퀴라 하면

$45 \times 2 \times 3.1 \times □ = 7812$

$279 \times □ = 7812$, □ $=28$

따라서 민혁이의 자전거 바퀴는 28바퀴를 돌았습니다.

02 가:

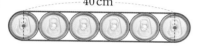

(필요한 끈의 길이)

$=8 \times 3.14 + 40 \times 2$

$=25.12 + 80 = 105.12$ (cm)

나:

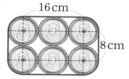

(필요한 끈의 길이)

$=8 \times 3.14 + 16 \times 2 + 8 \times 2$

$=25.12 + 32 + 16 = 73.12$ (cm)

따라서 나가 필요한 끈이

$105.12 - 73.12 = 32$ (cm) 더 적습니다.

03

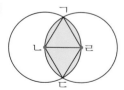

삼각형 ㄱㄴㄹ과 삼각형 ㄴㄷㄹ은 정삼각형이므로 각 ㄱㄴㄷ과 각 ㄱㄹㄷ은 각각 120°입니다.

따라서 색칠한 부분의 둘레는

원주의 $\frac{120°}{360°} \times 2 = \frac{2}{3}$와 같으므로

(색칠한 부분의 둘레)

$=24 \times 2 \times 3.14 \times \frac{2}{3} = 100.48$ (cm)

04

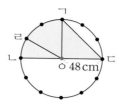

원의 둘레를 12등분하면

(각 ㄴㅇㄹ) $=360° \div 12 = 30°$

(각 ㄱㅇㄴ) $=30 \times 3 = 90°$

90°는 360°의 $\frac{1}{4}$이므로

$\left(원의 넓이의 \frac{1}{4}\right) = 48 \times 48 \times 3 \times \frac{1}{4} = 1728$ (cm²)

(삼각형 ㄱㅇㄷ의 넓이)

$=48 \times 48 \div 2 = 1152$ (cm²)

(색칠한 부분의 넓이)

$=1152 + 1728 = 2880$ (cm²)

05

색칠한 부분을 그림과 같이 옮기면 색칠한 부분의 넓이는 정사각형 넓이의 $\frac{1}{4}$입니다.

(색칠한 부분의 넓이) $=16 \times 16 \times \frac{1}{4} = 64$ (cm²)

06 정사각형의 한 변의 길이를 □ cm라고 하면 원의 지름도 □ cm입니다.

(정사각형의 넓이) $=□ \times □$

(원의 넓이) $=\left(□ \times \frac{1}{2}\right) \times \left(□ \times \frac{1}{2}\right) \times 3$

$=□ \times □ \times \frac{3}{4}$

□ $\times$ □ $=●$라 하면 원의 넓이는 $● \times \frac{3}{4}$이므로

색칠한 부분의 넓이는

$● - ● \times \frac{3}{4} = ● \times \frac{1}{4}$입니다.

즉 색칠한 부분의 넓이는 정사각형의 넓이의 $\frac{1}{4}$이므로 색칠한 부분의 넓이는 정사각형의 넓이의

$\frac{1}{4} \times 100 = 25$(%)입니다.

07 (정사각형의 넓이)$=24 \times 24 = 576\ (\text{cm}^2)$

(겹친 부분의 넓이)$=$(정사각형의 넓이)$\times \dfrac{1}{6}$

$$=\overset{96}{\cancel{576}} \times \dfrac{1}{\cancel{6}} = 96\ (\text{cm}^2)$$

(겹친 부분의 넓이)$=$(원의 넓이)$\times \dfrac{2}{9}$이므로

(원의 넓이)$=$(겹친 부분의 넓이)$\div \dfrac{2}{9}$

$$=(\text{겹친 부분의 넓이}) \times \dfrac{9}{2}$$

$$=\overset{48}{\cancel{96}} \times \dfrac{9}{\cancel{2}} = 432\ (\text{cm}^2)$$

원의 반지름을 □ cm라 하면

□$\times$□$\times 3 = 432$

□$\times$□$=144$, □$=12$

따라서 원의 반지름은 12 cm입니다.

08

원의 반지름을 □ cm라고 하면

□$\times$□$\times 3.1 = 111.6$

□$\times$□$=36$, □$=6$

원의 지름은 12 cm이고 사각형 ㄱㄴㄷㄹ의 대각선의 길이도 12 cm입니다.

색칠한 부분의 넓이는 원의 넓이에서 색칠하지 않은 부분의 넓이를 빼면 됩니다.

㉮와 ㉯의 넓이가 같으므로 색칠하지 않은 부분의 넓이는 사각형 ㅁㅂㅅㅇ과 같습니다.

(사각형 ㅁㅂㅅㅇ의 넓이)

$$=(\text{사각형 ㄱㄴㄷㄹ의 넓이}) \times \dfrac{1}{2}$$

$$=(12 \times 12 \div 2) \times \dfrac{1}{2} = 36\ (\text{cm}^2)$$

(색칠한 부분의 넓이)

$$=(\text{원의 넓이}) - (\text{사각형 ㅁㅂㅅㅇ의 넓이})$$

$$=111.6 - 36 = 75.6\ (\text{cm}^2)$$

LEVEL 4

01 80번 **02** 42 cm² **03** 38.75 m

04 6.25배 **05** 2741.22 cm² **06** 39.9 cm²

07 135.9 cm² **08** 326.4 cm²

01 큰 바퀴와 작은 바퀴의 반지름의 비는 8 : 5이므로 회전수의 비는 5 : 8입니다.

두 바퀴의 회전수의 합이 520번이므로

(큰 바퀴의 회전수)$=520 \times \dfrac{5}{8+5}$

$$=\overset{40}{\cancel{520}} \times \dfrac{5}{\cancel{13}}$$

$$=200(\text{번})$$

큰 바퀴가 200번 회전할 때 움직인 벨트의 길이는

$8 \times 2 \times 3 \times 200 = 9600\ (\text{cm})$이고 벨트의 길이가 120 cm이므로

(벨트의 회전수)$=9600 \div 120 = 80(\text{번})$

02 사다리꼴의 높이를 □ cm라 하면

$(11+14) \times$□$\div 2 = 150$

$25 \times$□$\div 2 = 150$

$25 \times$□$=300$, □$=12$

사다리꼴의 높이는 원의 지름과 같으므로 원의 반지름은 6 cm입니다.

색칠한 부분의 넓이는 사다리꼴의 넓이에서 원의 넓이를 뺀 것과 같습니다.

(색칠한 부분의 넓이)

$$=150 - (6 \times 6 \times 3)$$

$$=150 - 108$$

$$=42\ (\text{cm}^2)$$

03 1번 레인의 곡선 구간의 반원의 반지름을 □ m라 하면 1번 레인의 곡선 구간의 거리는

□$\times 2 \times 3.1 =$□$\times 6.2$입니다.

레인의 폭이 1.25 m이므로 곡선 구간의 반지름이 1.25 m씩 늘어납니다.

(6번 레인의 곡선 구간의 거리)

$= (\square + 1.25 \times 5) \times 2 \times 3.1$

$= (\square + 6.25) \times 6.2$

$= \square \times 6.2 + 6.25 \times 6.2$

$= \square \times 6.2 + 38.75$

1번 레인의 곡선 구간은 6번 레인의 곡선 구간보다 38.75 m만큼 더 짧습니다.

직선 구간의 거리는 모두 같으므로 1번 레인의 출발선은 6번 레인의 출발선보다 38.75 m 뒤에 그려야 합니다.

04 ㉯ 피자의 반지름을 $\square$ cm라 하면 ㉮ 피자의 반지름은 $(\square \times 2.5)$ cm입니다.

(㉮ 피자의 넓이) $= (\square \times 2.5) \times (\square \times 2.5) \times 3.14$

$\qquad = \square \times \square \times 3.14 \times 6.25$

(㉯ 피자의 넓이) $= \square \times \square \times 3.14$

$\dfrac{㉮\ 피자의\ 넓이}{㉯\ 피자의\ 넓이} = \dfrac{\square \times \square \times 3.14 \times 6.25}{\square \times \square \times 3.14}$

$\qquad\qquad = 6.25$

따라서 ㉮ 피자를 만드는 데 필요한 밀가루의 양은 ㉯ 피자를 만드는 데 필요한 밀가루의 양의 6.25배입니다.

05 한 시간 동안 긴 바늘은 시계를 한 바퀴 돌고 오후 1시부터 오후 5시까지는 4시간이므로 긴 바늘은 시계를 4바퀴 돕니다.

(긴 바늘이 지나간 부분의 넓이)

$= 15 \times 15 \times 3.14 \times 4$

$= 2826$ (cm²)

한 시간 동안 짧은 바늘은 30° 움직이고 4시간 동안은 $30° \times 4 = 120°$ 움직입니다.

120°는 360°의 $\dfrac{1}{3}$ 이므로

(짧은 바늘이 지나간 부분의 넓이)

$= 9 \times 9 \times 3.14 \times \dfrac{1}{3}$

$= 84.78$ (cm²)

(긴 바늘과 짧은 바늘이 지나간 부분의 넓이의 차)

$= 2826 - 84.78$

$= 2741.22$ (cm²)

06

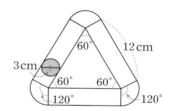

위 그림과 같이 각 부분을 ㉠, ㉡, ㉢이라 하면 $(㉠ + ㉢)$의 넓이는 반지름이 14 cm인 원의 넓이의 $\dfrac{1}{4}$ 이고, $(㉡ + ㉢)$의 넓이는 가로가 14 cm, 세로가 8 cm인 직사각형의 넓이와 같습니다.

$㉠ - ㉡ = (㉠ + ㉢) - (㉡ + ㉢)$

$\qquad = \left(14 \times 14 \times 3.1 \times \dfrac{1}{4} \right) - (14 \times 8)$

$\qquad = 151.9 - 112 = 39.9$ (cm²)

07 원이 지나간 자리는 그림과 같습니다.

$120° + 120° + 120° = 360°$ 이므로

삼각형의 꼭짓점을 중심으로 하는 원의 일부분 3개를 붙이면 반지름이 3 cm인 한 개의 원이 됩니다.

원이 지나간 자리의 넓이는 반지름이 3 cm인 원 1개와 가로 12 cm, 세로 3 cm인 직사각형 3개의 넓이의 합과 같습니다.

(원이 지나간 자리의 넓이)

$= (3 \times 3 \times 3.1) + (12 \times 3 \times 3)$

$= 27.9 + 108 = 135.9$ (cm²)

08 정사각형 ㄱㄴㄷㄹ은 대각선의 길이가 16 cm이므로

(정사각형 ㄱㄴㄷㄹ의 넓이) $= 16 \times 16 \div 2$

$\qquad\qquad\qquad\qquad = 128$ (cm²)

원의 반지름과 정사각형의 한 변의 길이가 같으므로 원의 반지름과 정사각형의 한 변의 길이를 $\square$ cm라고 하면 정사각형의 넓이는 $\square \times \square = 128$ (cm²)입니다.

원의 넓이는 $\square \times \square \times 3.1$ 이므로

(원의 넓이) $= 128 \times 3.1 = 396.8$ (cm²)

각 ㄱㄴㄷ은 90°이므로 원에서 색칠이 안된 부분은

원의 넓이의 $\frac{1}{4}$입니다.

$\left(\text{원의 넓이의 } \frac{1}{4}\right) = 396.8 \times \frac{1}{4} = 99.2 \text{ (cm}^2)$

색칠한 부분의 넓이는 원에서 원의 $\frac{1}{4}$만큼 뺀 넓이와

정사각형에서 원의 $\frac{1}{4}$만큼 뺀 넓이의 합입니다.

(색칠한 부분의 넓이)

$= (396.8 - 99.2) + (128 - 99.2)$

$= 297.6 + 28.8 = 326.4 \text{ (cm}^2)$

LEVEL 종합

01 452.16 cm²	**02** 793.6 cm²	**03** 626 m
04 78.8 cm	**05** 628 cm²	**06** 160.14 cm²
07 49.6 cm	**08** 3 cm	**09** 157 m²
10 2461.76 cm²	**11** 25.12 cm	**12** 6 cm

---

01 ⓒ 원주가 75.36 cm이므로

(지름) $= 75.36 \div 3.14 = 24 \text{ (cm)}$

세 원 중 가장 큰 원은 지름이 가장 긴 ⓒ입니다.

(원의 넓이) $= 12 \times 12 \times 3.14$

$= 452.16 \text{ (cm}^2)$

02 직사각형의 가로가 43 cm, 세로가 32 cm일 때 만들 수 있는 가장 큰 원의 지름은 길이가 직사각형의 세로와 같은 32 cm입니다.

(가장 큰 원의 넓이) $= 16 \times 16 \times 3.1 = 793.6 \text{ (cm}^2)$

03 운동장은 직선거리 부분과 곡선거리 부분이 있습니다. 곡선거리 부분의 합은 지름이 30 m인 원의 원주와 같습니다.

(곡선 부분) $= 30 \times 3.1 = 93 \text{ (m)}$

(운동장 1바퀴의 거리) $= 110 \times 2 + 93 = 313 \text{ (m)}$

민혁이는 2바퀴를 돈다고 했으므로

(민혁이가 달린 거리) $= 313 \times 2 = 626 \text{ (m)}$

---

04 (색칠한 부분의 둘레)

$=$ (지름이 28 cm인 반원의 원주)

$\quad +$ (지름이 12 cm인 반원의 원주) $+$ (직선 길이)

$= (28 \times 3.14 \div 2) + (12 \times 3.14 \div 2) + 16$

$= 43.96 + 18.84 + 16 = 78.8 \text{ (cm)}$

05 (색칠한 부분의 넓이)

$=$ (반지름이 30 cm인 원의 넓이) $\times \frac{1}{4}$

$\quad -$ (반지름이 10 cm인 원의 넓이) $\times \frac{1}{4}$

$= \left(30 \times 30 \times 3.14 \times \frac{1}{4}\right) - \left(10 \times 10 \times 3.14 \times \frac{1}{4}\right)$

$= 706.5 - 78.5$

$= 628 \text{ (cm}^2)$

06 가장 작은 노란색 원의 반지름이 4 cm이고 반지름이 3 cm씩 커지므로 반지름의 길이는 4 cm, 7 cm, 10 cm, 13 cm입니다.

파란색 부분의 넓이는 반지름이 10 cm인 원의 넓이에서 반지름이 7 cm인 원의 넓이를 빼면 됩니다.

(파란색 부분의 넓이)

$=$ (반지름이 10 cm인 원의 넓이)

$\quad -$ (반지름이 7 cm인 원의 넓이)

$= 10 \times 10 \times 3.14 - 7 \times 7 \times 3.14$

$= 314 - 153.86 = 160.14 \text{ (cm}^2)$

07

정사각형을 접었을 때 생기는 직각삼각형은 밑변의 길이가 8 cm, 높이가 $32 - 8 = 24 \text{ (cm)}$입니다.

(가장 작은 정사각형의 한 변의 길이)

$= 24 - 8 = 16 \text{ (cm)}$

가장 큰 원의 지름은 가장 작은 정사각형의 한 변의 길이와 같으므로

(가장 큰 원의 원주) $= 16 \times 3.1 = 49.6 \text{ (cm)}$

08 새로 그린 원의 반지름을 □ cm라 하면

□×□×3.14=254.34,

□×□=81, □=9

(새로 그린 원의 원주)=9×2×3.14=56.52 (cm)

(처음 그린 원의 원주)=56.52−18.84

               =37.68 (cm)

(처음 그린 원의 지름)=37.68÷3.14=12 (cm)

처음에 그린 원의 반지름은 12÷2=6 (cm)이므로

(두 원의 반지름의 차)=9−6=3 (cm)

09 염소가 풀을 뜯기 위해 움직일 수 있는 부분은 그림의 색칠한 부분과 같습니다.

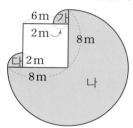

가와 다는 반지름이 2 m인 원의 $\frac{1}{4}$이므로

(가의 넓이)=(다의 넓이)

          =$2×2×3.14×\frac{1}{4}$

          =3.14 (m²)

나의 넓이는 반지름이 8 m인 원의 $\frac{3}{4}$이므로

(나의 넓이)=$8×8×3.14×\frac{3}{4}$

          =150.72 (m²)

(움직일 수 있는 부분의 넓이)

=(가의 넓이)+(나의 넓이)+(다의 넓이)

=3.14+150.72+3.14=157 (m²)

10 육각형의 여섯 각의 합은

180°×(6−2)=720°이므로 6개의 원에서 색칠하지 않은 부분의 넓이의 합은 원 1개의 넓이의

$\frac{720°}{360°}$=2(배)와 같습니다.

색칠한 부분의 넓이는 원 6개의 넓이의 합에서 색칠하지 않은 부분의 넓이를 빼면 됩니다.

(색칠한 부분의 넓이)

=(14×14×3.14)×6−(14×14×3.14)×2

=3692.64−1230.88=2461.76 (cm²)

11

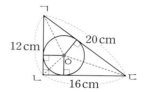

(삼각형 ㄱㄴㄷ의 넓이)=16×12÷2=96 (cm²)

원의 반지름을 □ cm라고 하면

(삼각형 ㄱㄴㄷ의 넓이)

=(삼각형 ㄱㅇㄴ의 넓이)+(삼각형 ㄴㅇㄷ의 넓이)

   +(삼각형 ㄷㅇㄱ의 넓이)

=12×□÷2+16×□÷2+20×□÷2

=6×□+8×□+10×□

=24×□

24×□=96, □=4

가장 큰 원의 반지름이 4 cm이므로

(원주)=4×2×3.14=25.12 (cm)

12

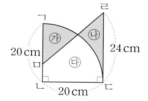

(㉮의 넓이)=(㉯의 넓이)이므로

(㉮+㉲의 넓이)=(㉯+㉲의 넓이)입니다.

㉮+㉲는 반지름이 20 cm인 원의 $\frac{1}{4}$이고 ㉯+㉲는 사다리꼴 ㄴㄷㄹㅁ의 넓이이므로

(반지름이 20 cm인 원의 $\frac{1}{4}$의 넓이)

=(사다리꼴 ㄴㄷㄹㅁ의 넓이)입니다.

선분 ㅁㄴ의 길이를 □ cm라고 하면

$20×20×3×\frac{1}{4}$=(□+24)×20÷2

300=(□+24)×10

30=□+24, □=6

따라서 선분 ㅁㄴ의 길이는 6 cm입니다.

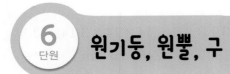

6 단원 원기둥, 원뿔, 구

96쪽

개념알기 개념 1

1 ②　　　　2 예 두 밑면이 합동이 아닙니다.

1 ② 원기둥의 두 밑면은 서로 평행합니다.

2 원기둥은 밑면이 서로 합동이어야 하는데, 밑면이 합동이 아닙니다.

개념 응용하기 응용 1

97쪽

13, 12, 13, 12, 156

1 14 cm, 14 cm　2 36 cm　　　3 22 cm

1 위에서 본 모양은 밑면이므로 밑면의 지름은
$7 \times 2 = 14$ (cm)입니다.
앞에서 본 모양이 정사각형이므로 밑면의 지름과 높이가 같습니다.
따라서 높이도 14 cm입니다.

2 주어진 원기둥을 앞에서 본 모양은 가로가
$5 \times 2 = 10$ (cm)이고
세로가 8 cm인 직사각형입니다.
원기둥을 앞에서 본 모양의 둘레는
$(8 + 10) \times 2 = 36$ (cm)입니다.

3 직사각형의 가로는 원기둥의 밑면의 반지름이므로 밑면의 지름은 $6 \times 2 = 12$ (cm)입니다.
직사각형의 세로는 원기둥의 높이이므로 10 cm입니다.
➡ $12 + 10 = 22$ (cm)

98쪽

개념알기 개념 2

1 예 두 밑면이 합동이 아닙니다. /
원기둥의 옆면이 직사각형이 아닙니다.
2 (위에서부터) 4, 25.12, 9

1 원기둥의 전개도는 두 밑면이 서로 합동이고, 옆면이 직사각형이어야 합니다.

2 (옆면의 가로)=(밑면의 둘레)
$= 4 \times 2 \times 3.14 = 25.12$ (cm)
(옆면의 세로)=(원기둥의 높이)=9 cm

개념 응용하기 응용 2

99쪽

16, 48, 48, 112, 48, 112, 208

1 4 cm　　　2 90 cm　　　3 148.8 cm²

1 밑면의 둘레는 옆면의 가로와 같으므로 25.12 cm입니다.
(밑면의 지름)=$25.12 \div 3.14 = 8$ (cm)
(밑면의 반지름)=$8 \div 2 = 4$ (cm)

2 옆면의 가로를 □ cm라고 하면
$(\square + 9) \times 2 = 54$
$\square + 9 = 27$, $\square = 18$
옆면의 가로는 밑면의 둘레와 같으므로
(전개도의 둘레)
=(한 밑면의 둘레)$\times 2 +$(옆면의 둘레)
$= 18 \times 2 + 54 = 90$ (cm)

3 (옆면의 가로)=(밑면의 둘레)
$= 3 \times 2 \times 3.1 = 18.6$ (cm)
(옆면의 세로)=8 cm
(옆면의 넓이)=$18.6 \times 8 = 148.8$ (cm²)

개념알기 개념 3

1 ⑤   **2** 14 cm

1 ⑤ 원뿔의 모선은 무수히 많습니다.

2 (구의 반지름)=(반원의 반지름)=7 cm
➡ (구의 지름)=7×2=14 (cm)

개념 응용하기 응용 3

원뿔, 밑변, 3, 3, 3, 27

1 5 cm   **2** 72 cm   **3** 37.2 cm

1 구의 반지름이 2 cm이므로
구의 지름은 2×2=4 (cm)입니다.
원뿔의 모선의 길이는 10 cm,
원기둥의 높이는 9 cm입니다.
(구의 지름)+(원뿔의 모선)−(원기둥의 높이)
=4+10−9=5 (cm)

2 원뿔을 앞에서 본 모양은 밑변의 길이가 20 cm, 나머지 두 변의 길이는 26 cm인 이등변삼각형입니다.
앞에서 본 모양의 둘레는 20+26+26=72 (cm)입니다.

3 구를 위에서 본 모양은 원이고 지름은 12 cm입니다.
(위에서 본 모양의 둘레)=12×3.1
=37.2 (cm)

LEVEL 1

01 30 cm, 39 cm, 36 cm   **02** 90 cm²
03 8 cm   **04** 306 cm   **05** 16 cm
06 170.72 cm   **07** 105.86 cm²   **08** 14 cm

01 만들어지는 입체도형은 원뿔입니다.
원뿔의 밑면의 반지름은 직각삼각형의 밑변의 길이와 같으므로 밑면의 지름은 15×2=30 (cm)입니다.
가장 긴 변은 모선의 길이와 같으므로 39 cm,
높이는 직각삼각형의 높이와 같으므로 36 cm입니다.

02 만들어지는 입체도형은 밑면의 반지름이 5 cm이고 높이가 9 cm인 원기둥입니다.
원기둥을 앞에서 본 모양은 가로가 9 cm이고, 세로가 10 cm인 직사각형입니다.
(앞에서 본 모양의 넓이)=9×10=90 (cm²)

03 원기둥의 전개도에서 옆면의 가로는 밑면의 둘레와 같습니다.
원기둥의 밑면의 반지름을 □ cm라고 하면
□×2×3.1=49.6
□×6.2=49.6
□=49.6÷6.2=8
원기둥의 밑면의 반지름은 8 cm이고 원기둥의 높이와 밑면의 반지름이 같으므로 높이도 8 cm입니다.

04 주어진 원기둥의 밑면의 반지름과 높이를 3배로 늘이면 밑면의 반지름은 6×3=18 (cm),
높이는 15×3=45 (cm)입니다.
옆면의 가로는 밑면의 둘레와 같으므로
18×2×3=108 (cm)이고,
옆면의 세로는 원기둥의 높이와 같으므로 45 cm입니다.
따라서 새로운 전개도의 옆면의 둘레는
(108+45)×2=306 (cm)입니다.

05 모선에 사용한 철사는 5군데이고 모선의 길이는 모두 같습니다.
(모선에 사용한 철사의 길이)
=12×5=60 (cm)
(밑면에 사용한 철사의 길이)
=76−60=16 (cm)

06 전개도에서 직사각형의 가로는 밑면인 원의 둘레와 같습니다.

밑면의 지름을 ☐ cm라 하고 옆면의 넓이가 376.8 cm²이므로

☐ × 3.14 × 10 = 376.8

☐ × 31.4 = 376.8

☐ = 376.8 ÷ 31.4 = 12

(원기둥의 전개도의 둘레)

= (한 밑면의 둘레) × 2 + (옆면의 둘레)

= (12 × 3.14) × 2 + (12 × 3.14 + 10) × 2

= 75.36 + 95.36 = 170.72 (cm)

07 원뿔을 앞에서 본 모양은 이등변삼각형이고, 밑변의 길이가 12 cm, 높이가 8 cm이므로

(앞에서 본 모양의 넓이) = 12 × 8 ÷ 2 = 48 (cm²)

구를 앞에서 본 모양은 원이고, 원의 반지름이 7 cm이므로

(앞에서 본 모양의 넓이) = 7 × 7 × 3.14
= 153.86 (cm²)

따라서 앞에서 본 모양의 넓이의 차는

153.86 − 48 = 105.86 (cm²)입니다.

08 변 ㄴㄷ을 기준으로 돌리면 그림과 같이 밑면의 반지름이 5 cm, 높이가 12 cm인 원뿔이므로 앞에서 본 모양의 둘레는 10 + 13 + 13 = 36 (cm)입니다.

변 ㄱㄷ을 기준으로 돌리면 그림과 같이 밑면의 반지름이 12 cm, 높이가 5 cm인 원뿔이므로 앞에서 본 모양의 둘레는 24 + 13 + 13 = 50 (cm)입니다.

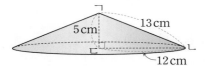

따라서 입체도형을 앞에서 본 모양의 둘레의 차는

50 − 36 = 14 (cm)입니다.

LEVEL 2

01 125.6 cm² **02** 15 cm **03** 124 cm²

04 3100 cm² **05** 28 cm **06** 483 cm²

07 가, 12.56 cm² **08** 256 cm²

01 (옆면의 가로) = (밑면의 둘레)
= 4 × 2 × 3.14 = 25.12 (cm)

(옆면의 세로) = (높이) = 5 cm

(옆면의 넓이) = 25.12 × 5 = 125.6 (cm²)

02 가의 전개도에서 옆면의 가로가 54 cm이므로 가의 밑면의 둘레는 54 cm입니다.

(가의 밑면의 지름) = 54 ÷ 3 = 18 (cm)

원뿔의 밑면의 지름을 ☐ cm라 하면 가와 나를 앞에서 본 모양은 그림과 같습니다.

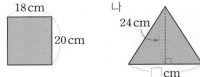

앞에서 본 모양의 넓이가 같으므로

☐ × 24 ÷ 2 = 18 × 20

☐ × 24 ÷ 2 = 360

☐ × 24 = 720, ☐ = 720 ÷ 24 = 30

따라서 나의 밑면의 지름은 30 cm이므로 밑면의 반지름은 15 cm입니다.

03 원기둥을 앞에서 본 모양은 직사각형입니다.

직사각형의 가로는 밑면의 지름과 같고, 직사각형의 세로는 원기둥의 높이와 같습니다.

원기둥의 높이를 ☐ cm라 하면

8 × ☐ = 40, ☐ = 5

원기둥의 높이는 5 cm입니다.

(옆면의 가로) = (밑면의 둘레)
= 4 × 2 × 3.1 = 24.8 (cm)

(옆면의 세로) = (높이) = 5 cm

(옆면의 넓이) = 24.8 × 5 = 124 (cm²)

04 페인트가 칠해진 부분의 넓이는 원기둥 모양 롤러의 옆면의 넓이의 5배와 같습니다.

(옆면의 넓이)

$= $ (한 밑면의 둘레) $\times$ (원기둥의 높이)

$= (5 \times 2 \times 3.1) \times 20$

$= 31 \times 20 = 620 \ (\text{cm}^2)$

(페인트가 칠해진 부분의 넓이)

$= $ (옆면의 넓이) $\times 5$

$= 620 \times 5 = 3100 \ (\text{cm}^2)$

05 (옆면의 가로) $=$ (밑면의 둘레)

$\qquad\qquad = $ (밑면의 반지름) $\times 2 \times$ (원주율)

$\qquad\qquad = 5 \times 2 \times 3 = 30 \ (\text{cm})$

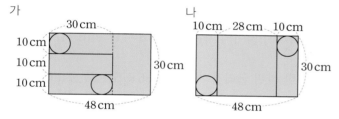

높이가 가능한 긴 상자를 만들어야 하므로 나와 같이 만들어야 합니다.

(상자의 높이)

$= $ (원기둥의 높이)

$= $ (옆면의 세로)

$= $ (종이 가로의 길이) $-$ (밑면의 지름) $\times 2$

$= 48 - 20 = 28 \ (\text{cm})$

06 입체도형 가는 변 ㄴㄷ을 기준으로 돌려서 만든 원뿔이므로 변 ㄱㄷ이 밑면의 반지름이 됩니다.

입체도형 가의 밑면의 반지름은 8 cm이므로

(가의 밑면의 넓이) $= 8 \times 8 \times 3 = 192 \ (\text{cm}^2)$

입체도형 나는 변 ㄱㄷ을 기준으로 돌려서 만든 원뿔이므로 변 ㄴㄷ이 밑면의 반지름이 됩니다.

입체도형 나의 밑면의 반지름은 15 cm이므로

(나의 밑면의 넓이) $= 15 \times 15 \times 3 = 675 \ (\text{cm}^2)$

(두 입체도형의 밑면의 넓이의 차)

$= 675 - 192 = 483 \ (\text{cm}^2)$

07 가는 밑면의 반지름이 4 cm, 높이가 14 cm인 원기둥입니다.

(가의 옆면의 가로) $= 4 \times 2 \times 3.14 = 25.12 \ (\text{cm})$

(가의 옆면의 세로) $= 14 \ \text{cm}$

(가의 옆면의 넓이) $= 25.12 \times 14 = 351.68 \ (\text{cm}^2)$

나는 밑면의 반지름이 6 cm, 높이가 9 cm인 원기둥입니다.

(나의 옆면의 가로) $= 6 \times 2 \times 3.14 = 37.68 \ (\text{cm})$

(나의 옆면의 세로) $= 9 \ \text{cm}$

(나의 옆면의 넓이) $= 37.68 \times 9 = 339.12 \ (\text{cm}^2)$

가 도형의 옆면의 넓이가

$351.68 - 339.12 = 12.56 \ (\text{cm}^2)$ 더 넓습니다.

08 구를 앞에서 본 모양은 원이고

(구의 반지름) $=$ (원의 반지름)입니다.

앞에서 본 모양의 넓이가 200.96 cm²이므로 구의 반지름을 ☐ cm라고 하면

$☐ \times ☐ \times 3.14 = 200.96$

$☐ \times ☐ = 64,\ ☐ = 8 \ (\text{cm})$

구의 반지름은 8 cm입니다.

원기둥의 밑면의 지름과 높이는 구의 지름과 같습니다.

원기둥을 앞에서 본 모양은 가로가 16 cm, 세로가 16 cm인 정사각형이므로

(앞에서 본 모양의 넓이) $= 16 \times 16 = 256 \ (\text{cm}^2)$

LEVEL 3

106~107쪽

01 72 cm	**02** 26 cm	**03** 1224 cm²
04 1037.88 cm²	**05** 148 cm²	**06** 719.6 cm²
07 17 cm²	**08** 1116 cm²	

01 원뿔을 앞에서 본 모양은 이등변삼각형이고 이등변삼각형은 두 각의 크기가 같으므로

(이등변삼각형의 나머지 한 각의 크기)

$= 180° - 60° - 60° = 60°$

원뿔을 앞에서 본 모양은 정삼각형이고 한 변의 길이가 24 cm이므로

(앞에서 본 모양의 둘레) $= 24 \times 3 = 72 \ (\text{cm})$

02 모선에 사용한 철사는 6군데이고 모선의 길이는 모두 같습니다.

(민혁이가 사용한 철사의 길이)

$=(11\times2\times3)+(15\times6)$

$=66+90=156$ (cm)

(효빈이가 만든 정육각형의 한 변의 길이)

$=156\div6=26$ (cm)

03 (색종이의 가로)=(원기둥의 옆면의 가로)

= (원기둥의 밑면의 둘레)

$=6\times2\times3=36$ (cm)

(옆면의 세로)=(원기둥의 높이)=10 cm이므로

(색종이의 세로)

=(원기둥의 밑면의 지름)$\times2+$(옆면의 세로)

$=6\times2\times2+10=34$ (cm)

(색종이의 넓이)

=(색종이의 가로)$\times$(색종이의 세로)

$=36\times34=1224$ (cm^2)

04 밑면의 반지름이 9 cm이므로

(밑면의 둘레)$=9\times2\times3.1=55.8$ (cm)

옆면의 가로는 55.8 cm이고 가로는 세로의 3배이므로

(옆면의 세로)$=55.8\div3=18.6$ (cm)

(옆면의 넓이)$=55.8\times18.6=1037.88$ (cm^2)

05 돌리기 전 평면도형은 그림과 같습니다.

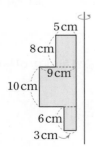

(평면도형의 넓이)$=5\times8+9\times10+3\times6$

$=40+90+18$

$=148$ (cm^2)

06 (포장지의 가로)$=5\times2\times3.14+10\times2$

$=51.4$ (cm)

포장지의 세로는 원기둥의 높이와 같으므로 14 cm입니다.

(포장지의 넓이)$=51.4\times14=719.6$ (cm^2)

07 가를 돌려 만든 입체도형을 앞에서 본 모양은 밑변의 길이가 12 cm, 높이가 8 cm인 삼각형입니다.

(가를 앞에서 본 모양의 넓이)$=12\times8\div2$

$=48$ (cm^2)

나를 돌려 만든 입체도형을 앞에서 본 모양은 윗변이 8 cm, 아랫변이 18 cm, 높이가 5 cm인 사다리꼴입니다.

(나를 앞에서 본 모양의 넓이)$=(8+18)\times5\div2$

$=65$ (cm^2)

따라서 넓이의 차는 $65-48=17$ (cm^2)입니다.

08 (한 바퀴 굴러간 거리)$=186\div5=37.2$ (cm)

원기둥에서 밑면의 둘레는 한 바퀴 굴러간 거리와 같으므로 밑면의 지름을 $\square$ cm라고 하면

$\square\times3.1=37.2$

$\square=37.2\div3.1=12$

밑면의 지름이 12 cm이므로 반지름은 6 cm입니다.

(한 밑면의 넓이)$=6\times6\times3.1=111.6$ (cm^2)

(옆면의 가로)$=6\times2\times3.1=37.2$ (cm)

(옆면의 세로)$=24$ cm

(옆면의 넓이)$=37.2\times24=892.8$ (cm^2)

(전개도의 넓이)

=(한 밑면의 넓이)$\times2+$(옆면의 넓이)

$=111.6\times2+892.8$

$=1116$ (cm^2)

> **LEVEL 4**　　108~109쪽
>
> **01** 392.5 cm^2　　**02** 16 cm　　**03** 593.46 cm^2
>
> **04** 8바퀴　　**05** 100.8 cm^2　　**06** 2 : 3
>
> **07** 39 cm　　**08** 458.4 cm^2

01 15 cm인 변을 기준으로 돌렸을 때 만들어지는 원기둥은 밑면의 반지름이 10 cm이고 높이가 15 cm입니다.
(15 cm인 변을 기준으로 하여 돌렸을 때 자른 단면의 넓이)$=10 \times 10 \times 3.14 = 314$ (cm²)
10 cm인 변을 기준으로 돌렸을 때 만들어지는 원기둥은 밑면의 반지름이 15 cm이고 높이가 10 cm입니다.
(10 cm인 변을 기준으로 하여 돌렸을 때 자른 단면의 넓이)$=15 \times 15 \times 3.14 = 706.5$ (cm²)
따라서 단면의 넓이의 차는
$706.5 - 314 = 392.5$ (cm²)입니다.

02 원뿔의 높이를 □ cm라 하면 앞에서 본 모양의 넓이가 240 cm²이므로
$48 \times □ \div 2 = 240$
$48 \times □ = 480$
$□ = 480 \div 48 = 10$
원뿔의 높이는 10 cm입니다.
앞에서 본 모양의 둘레가 100 cm이므로 모선의 길이를 △ cm라 하면
$48 + △ + △ = 100$
$△ + △ = 52, △ = 26$
모선의 길이는 26 cm입니다.
따라서 높이와 모선의 길이의 차는
$26 - 10 = 16$ (cm)입니다.

03 (한 바퀴 굴러간 거리)$= 339.12 \div 6 = 56.52$ (cm)
원기둥에서 밑면의 둘레는 한 바퀴 굴러간 거리와 같으므로 밑면의 지름을 □ cm라고 하면
$□ \times 3.14 = 56.52$
$□ = 56.52 \div 3.14 = 18$
원기둥의 밑면의 지름은 18 cm이고,
반지름은 $18 \div 2 = 9$ (cm)입니다.
밑면의 지름과 높이의 비가 6 : 5이므로 원기둥의 높이를 △ cm라 하면
$6 : 5 = 18 : △$
$6 \times △ = 18 \times 5$
$6 \times △ = 90, △ = 90 \div 6 = 15$
원기둥의 높이는 15 cm입니다.

(한 밑면의 넓이)$= 9 \times 9 \times 3.14 = 254.34$ (cm²)
(옆면의 넓이)$= 56.52 \times 15 = 847.8$ (cm²)
(옆면의 넓이)$-$(한 밑면의 넓이)
$= 847.8 - 254.34 = 593.46$ (cm²)

04 원뿔의 모선의 길이가 32 cm이므로 원뿔의 밑면인 원이 점 ㅇ를 중심으로 반지름이 32 cm인 원주를 따라 회전하는 것과 같습니다.
(원뿔의 밑면의 둘레)$= 4 \times 2 \times 3$
$= 24$ (cm)
(반지름이 32 cm인 원의 원주)$= 32 \times 2 \times 3$
$= 192$ (cm)
따라서 굴린 원뿔이 처음의 자리로 오려면 원뿔을 적어도 $192 \div 24 = 8$(바퀴) 굴려야 합니다.

05 평면도형을 한 바퀴 돌려 만든 입체도형을 앞에서 본 모양은 그림과 같습니다.

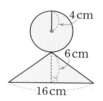

(앞에서 본 모양의 넓이)
$= (4 \times 4 \times 3.1) + 16 \times 6 \div 2$
$= 49.6 + 48 = 97.6$ (cm²)
평면도형을 한 바퀴 돌려 만든 입체도형을 위에서 본 모양은 그림과 같습니다.

(넓이)$= 8 \times 8 \times 3.1 = 198.4$ (cm²)
앞에서 본 모양과 위에서 본 모양의 넓이의 차는
$198.4 - 97.6 = 100.8$ (cm²)입니다.

06 가의 옆면의 가로를 □ cm라 하면 가의 옆면의 세로는 (□ × 4) cm, 나의 옆면의 가로는 (□ × 4) cm, 나의 옆면의 세로는 □ cm입니다.

원기둥의 전개도에서 옆면의 가로와 밑면의 둘레는
길이가 같으므로

(가의 둘레)＝□×2＋(□＋□×4)×2

           ＝□×2＋(□×5)×2

           ＝□×2＋□×10＝□×12

(나의 둘레)＝(□×4)×2＋(□×4＋□)×2

           ＝□×8＋(□×5)×2

           ＝□×8＋□×10＝□×18

따라서 가와 나의 둘레의 비는

$$\overset{\div\square}{\square\times12:\square\times18} \to \overset{\div6}{12:18} \to 2:3\text{입니다.}$$
$$\underset{\div\square}{} \quad \underset{\div6}{}$$

07 (옆면의 가로)＝6×2×3＝36 (cm)

(옆면의 세로)＝(원기둥의 높이)＝15 cm

(옆면에서 삼각형 ㄱㄷㄴ의 넓이)＝36×15÷2

                          ＝270 (cm²)

(삼각형 ㄱㄷㄴ의 넓이)

＝(선분 ㄱㄴ의 길이)×$13\frac{11}{13}$÷2이므로

선분 ㄱㄴ의 길이를 □ cm라고 하면

$$\square\times13\frac{11}{13}\div2=270$$

$$\square\times13\frac{11}{13}=540$$

$$\square=540\div\frac{180}{13}=540\times\frac{13}{\overset{3}{\underset{1}{180}}}=39$$

따라서 선분 ㄱㄴ의 길이는 39 cm입니다.

08 구멍이 뚫린 안쪽 부분도 색칠하기 때문에 가운데에
뚫린 원기둥의 옆면의 넓이도 포함해야 합니다.

(블록의 밑면의 넓이)＝(8×8)−(2×2×3.1)

                    ＝64−12.4＝51.6 (cm²)

(정육면체의 옆면의 넓이)＝(8×8)×4＝256 (cm²)

(원기둥의 옆면의 넓이)＝(2×2×3.1)×8

                    ＝99.2 (cm²)

(색칠한 부분의 넓이)＝51.6×2＋256＋99.2

                  ＝458.4 (cm²)

LEVEL 종합

01 20 cm	**02** 90 cm²	**03** 풀이 참고
04 73.5 cm²	**05** 4 cm	**06** 14 cm
07 210 cm²	**08** 50.24 cm²	**09** 1186.92 cm²
10 46 cm	**11** 210 cm	**12** 1085 cm²

01 원기둥의 밑면의 지름은 정육면체의 한 모서리의 길
이와 같고 원기둥의 높이와 같습니다.

➡ 10×2＝20 (cm)

02 직사각형의 한 변을 기준으로 돌려서 만든 입체도형
은 원기둥이고 앞에서 본 모양은 가로가 18 cm, 세
로가 5 cm인 직사각형입니다.

(앞에서 본 모양의 넓이)＝18×5＝90 (cm²)

03 점 ㄱ과 점 ㄴ 사이에 실이 지나가는 위치에 있는 점
을 점 ㄷ이라 하면 점 ㄱ에서 점 ㄷ까지 가장 짧게 한
바퀴 감았고, 다시 점 ㄷ에서 점 ㄴ까지 가장 짧게 한
바퀴 감았으므로 원기둥의 전개도에서 아래와 같이 2
개의 직선으로 표시됩니다.

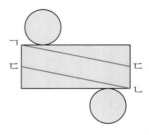

04 돌리기 전의 종이는 반지름이 7 cm인 반원입니다.

(넓이)＝7×7×3÷2＝73.5 (cm²)

05 (밑면의 둘레)×4＋12×2＝123.2

(밑면의 둘레)×4＝99.2

(밑면의 둘레)＝24.8 (cm)

(밑면의 둘레)＝(옆면의 가로)이므로

밑면의 반지름을 □ cm라 하면

□×2×3.1＝24.8

□×6.2＝24.8, □＝24.8÷6.2＝4

따라서 밑면의 반지름은 4 cm입니다.

06 밑면의 지름을 □ cm라 하면 원기둥의 전개도에서 옆면의 가로는 (□×3)cm, 세로는 (□×2)cm입니다.

$$□×3×□×2=294$$
$$□×□=294÷6$$
$$□×□=49, □=7$$

원기둥의 밑면의 지름은 7 cm이고 원기둥의 높이는 밑면의 지름의 2배이므로 7×2=14 (cm)입니다.

07 주어진 전개도는 원기둥의 전개도이므로 평면도형을 돌려 만든 입체도형은 원기둥입니다.

(밑면의 둘레)=(옆면의 가로)=87.92 cm
(밑면의 지름)=87.92÷3.14
=28 (cm)

돌리기 전의 평면도형은 그림과 같은 직사각형입니다.

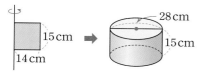

(돌리기 전의 평면도형의 넓이)=14×15
=210 (cm²)

08 회전축에 수직인 평면으로 자른 단면은 반지름이 4 cm인 원입니다.

(단면의 넓이)=4×4×3.14
=50.24 (cm²)

09 원기둥의 한 밑면의 반지름을 □ cm라 하면

$$□×□×3.14=254.34$$
$$□×□=81, □=9$$

밑면의 반지름이 9 cm이고 높이가 12 cm인 원기둥입니다.

(옆면의 가로)=9×2×3.14=56.52 (cm)
(옆면의 세로)=12 cm
(옆면의 넓이)=56.52×12=678.24 (cm²)
(원기둥의 전개도의 넓이의 합)
=(한 밑면의 넓이)×2+(옆면의 넓이)
=254.34×2+678.24
=1186.92 (cm²)

10 원기둥의 밑면의 지름을 □ cm라고 하면

$$□×3.14=43.96$$
$$□=14$$

밑면의 지름은 14 cm이고 높이가 9 cm이므로
(앞에서 본 모양의 둘레)=(14+9)×2=46 (cm)

11 서현이가 만든 입체도형은 밑면의 반지름이 6 cm, 높이가 9 cm인 원기둥입니다.

(서현이가 만든 원기둥의 전개도의 둘레)
=(밑면의 둘레)×2+(옆면의 둘레)
=(6×2×3)×2+(6×2×3+9)×2
=72+90=162 (cm)

찬규가 만든 입체도형은 밑면의 반지름이 15 cm, 높이가 6 cm인 원기둥입니다.

(찬규가 만든 원기둥의 전개도의 둘레)
=(밑면의 둘레)×2+(옆면의 둘레)
=(15×2×3)×2+(15×2×3+6)×2
=180+192=372 (cm)

따라서 서현이와 찬규가 만든 원기둥의 전개도의 둘레의 차는 372-162=210 (cm)입니다.

12 가로를 기준으로 돌리면 밑면의 반지름이 15 cm, 높이가 20 cm인 원기둥이 됩니다.

(가로를 기준으로 돌린 입체도형의 전개도의 넓이)
=(밑면의 넓이)×2+(옆면의 넓이)
=(15×15×3.1)×2+15×2×3.1×20
=1395+1860=3255 (cm²)

세로를 기준으로 돌리면 밑면의 반지름이 20 cm, 높이가 15 cm인 원기둥이 됩니다.

(세로를 기준으로 돌린 입체도형의 전개도의 넓이)
=(밑면의 넓이)×2+(옆면의 넓이)
=(20×20×3.1)×2+20×2×3.1×15
=2480+1860=4340 (cm²)

따라서 두 입체도형의 전개도의 넓이의 차는
4340-3255=1085 (cm²)입니다.